蕎麦処
おんが
かつ
親子
玉子
もりそば
カレー南そば
天
毎朝
そばはおいしくな〜れと
思いを込めて打ってます
一筋47年
そば職人の店
技・
味もそこそこの店
量もそこそこ
値段もそこそこ
そば職人の店
そば屋一筋47年

秋の深まりを感じる季節となりました。
水餃子

ボーノ横丁

冷し中華 800
800
¥850
本日ランチ
マーボーナス
¥800
小皿料理
(デザート付)
全7品
特選ランチ ¥1200
エビチリ・チンジャオロース

笑点50年 歌丸師匠
おつかれさまでした
特製
キムチ

生ビール 500円
瓶ビール 500円
日本酒 500円
レモンサワー 350円
シークヮーサーサワー 350円
焼酎ウーロン割り 350円
焼酎緑茶割り 350円
ハイボール 350円
コーラ 200円
オレンジジュース 200円
ウーロン茶 200円
グリーンサラダ 500円
ロース焼き定食 1,000円
からあげ定食 900円
チキンソテー定食 900円
レバニラ炒め定食 900円
しょうが焼き定食 850円
スタミナ焼き定食 850円
肉野菜炒め定食 850円
野菜炒め定食
たまごスープ 350円
野菜スープ 350円
タンタンスープ
大盛り100円増し
ライス 200円
カツカレーライス 900円
中華丼 700円
オムライス
カレーチャーハン
チャーハン
カレーライス
サンマーメン 700円
タンタンメン
タンメン 700円

寿し秀

参加店
11:00~15:00
かきフライ定食
1,080
新さんま塩焼定食
900
スタンプラリー限定定食
1,000-
※その他、ご用意あります
つく志
定食

渋谷
90
8

ohguchi 1番街
大口一番街
歳末大売出し
大口一番街
15-18

ラーメン

横須賀中央駅

防犯カメラ
作動中
忘年会
新年会
ご予約
承ります。
焼肉の
関内苑
TEL：(045)
261-2040
関内苑
関内苑
関内苑

かもめ文庫 ⑰

今 柊二 著

かながわ定食紀行 第6巻

特盛編

はじめに

浮気をした後、最後は定食に戻る

定食が好き、そして白米至上主義者なので、一日一度以上は定食を食べる。しかし、人生はいろいろ食べることも大事なので、最近はわりと浮気も実行。以下、朝、昼、間食の3つの浮気を告白します（笑）。

①朝食…朝はどうしてもコーヒーが飲みたい私。ということでほとんどパンとコーヒー。旅に出ると朝食はビュッフェが多いので、やたら頑張ってパンもご飯ももりもり食べてしまうが、セレクト式朝食だとパン食を選ぶこともしばしば。先日、長崎に行ったとき、ホテルの朝食会場がなんとロイヤルホスト。そしてメニューにエッグベネディクトが！　カリカリのイングリッシュマフィンにポーチドエッグ、ハム、そしてオランデーズソースのハーモニー。いやあ、あんなにおいしいとは思わなかった。

②昼ご飯…外出もできずどうしようもなく忙しい時、決まって食べたくなるのがインスタント焼きそば。特に大盛りでマヨネーズをかけて食べるのがいい。オススメはマルちゃん(東洋水産)の「ごつ盛り　ソース焼きそば」。麺も130グラムある上に、からしマヨネーズをかけて食べる禁断の味。もう栄養なんか考えないで、モガモガ食べるのが幸せ。でも罪悪感が伴うので野菜ジュースを伴走させたりする。

③間食…携帯電話のサービスで、金曜日にサーティワンアイスクリームのシングルを何回かタダで食べることができた。これまで子どもに買ったことはあったけれど、自分で食べるのはおそらくはじめて。食べてビックリ。こんなにコクがあって味わい深いとは！　ナッツの入った「ナッツトゥユー」や「ラムレーズン」など食べたけど、本当感動しました。その後こっそり買うようになった(見事携帯電話会社の策略に陥った感じ)…というように、定食ではないものに感動しつつも最後はご飯、おかず、汁と3つそろった定食に帰還します。

いよいよ本シリーズも6巻目。連載50回分＋αの感動がギューッと詰まってますのでじっくりご堪能下さい！

今　柊二

目次

はじめに　3
251 春風そよぐ陽気に合う冷たいそば　そば処　おんがえし　10
252 フォルムは独特食べてるうちに体の中が活性化　サリサリカリー　13
253 相模湖駅前長く愛され健やか肉豆腐も　かどや食堂　16
254 玉子天割ると中から黄身がＴ－ＴＫＧ進化　天たま家　19
255 すべてがおいしく悩ましいＲ－ＴＫＧ　らーめん　山猫亭　22
番外編　イセザキふらふら長く愛される各店　25
256 磯の香漂う生玉子入りごまさば丼　いまがわ食堂　29
257 多くの種類で幸せ海鮮ちらしシャリもいい具合　寿司　川徳　32
258 名店の焼きそばギョーザやスープ大ごちそう大会　中華料理　天龍本館　35
259 ボリューム満点おかず力爆発！無意識にお代わり　あぶり屋　きんとき　38
260 心込めて作られすべてがおいしく体に染み通る味　中国料理　煌蘭（藤沢店）　41
261 大きなカツにサクリと揚がった甘めの衣がステキ　とんかつ　方丈　44
262 大倉山のオサレなワンプレートハンバーグ最高！　洋食居酒屋　ＲＥＶＥＬ　47

㉖③ 弾力あるちくわタレは甘い天丼に感動　そば処　寿庵　50
㉖④ ミナトヨコハマ思い出の店で優しいおいしさ　SCANDIA　53
㉖⑤ 寒い冬にはカキフライと白玉しるこ　末廣園　56
㉖⑥ 黒酢で食べるタダシイ水餃子あああおいしい！　瓦奉店　59
㉖⑦ 甘めのレバニラおかず力爆発ご飯お代わり！　太田楼　62
㉖⑧ ジャズ聴きつつ牛肉煮の卵とじおかず力爆発！　みんぐるまんぐる　65
㉖⑨ うま味広がる実力派麻婆豆腐ハゲしく食べる　明健酒家　68
㉗⓪ ジャーン！デカいカツ3枚こりゃおいしい　ソースカツ丼　たざわ　71
㉗① 子の優しさでチキンカツは涙の味　老舗居酒屋ガクさん　74
コラム1　「横浜のおいしいランチ」に巡り合う店の選び方　77
㉗② 辛めのタレでご飯もススム注文の〝相談〟も　中華料理　三十一番　83
㉗③ 味わい深いタルタルと共に天上のおいしさ　横浜食堂　86
㉗④ 横浜に縁あり北の名店で食すポークカツレツ　第一洋食店（番外・北海道編）　89
㉗⑤ 懐かしの街でビューティフルコロッケカレー　スターバード　92
㉗⑥ 皮もちもちツルツルとああ満足　氷花餃子本店　95
㉗⑦ プリプリ食感素晴らしすぎる車海老の天丼　守茂　98

㉗⑧「ごはん屋」の看板に偽りなしスバらしい定食　さいがく　101
㉗⑨何を食べても高レベル絶品ちらしずし　寿司秀　104
㉘⓪学生時代の記憶呼び覚ます鶏のうま味　順海閣本館　107
㉘①ハイレベルな日替わり天ぷら充実の太蔵定食　日本そば　太蔵　110
㉘②素晴らしきカキで幸せチャージ　レストラン松山　113
㉘③追い求めて久しぶりのトルコライス　ＳＨＯＰ ＢＡＲ　ＩＳＥＹＡ　116
㉘④おかずがダブル菊名の老舗は至れり尽くせり　おがさや　119
㉘⑤炊きたて十六穀ご飯のおにぎりセット　Ｆかまくらカフェ　122
㉘⑥店名は直球唐揚げはクリスピー　六角箸　125
㉘⑦刻みワサビにとろける中おちスイッチオン　カフェ秋桜　128
㉘⑧気分は油淋鶏甘酸っぱくてご飯がススム　地域食堂　みんなの郷　131
㉘⑨肉がおいしい土曜のランチはスムージー付き　サンタモニカ　サードストリート　ミートテラス　134
㉙⓪秋深しリズムに乗って天丼食す　天ぷら　豊野　137
コラム２　ｋａｗａｒａ　ＣＡＦＥ＆ＤＩＮＩＮＧ　140
㉙①ご飯が進む新鮮なマグロシアワセだあ　つく志　142
㉙②中華街ランチ豪華に石持１尾丸揚げ　華錦飯店本館　145

㉓ ショウガたっぷり辛さ競演キーマカレー　カフェ　てんだぁ　148
㉔ チャーハンにピリ辛「あん」で新しいおいしさ　ラーメンミート　151
㉕ 好物のちくわ天うれしい歯ごたえああ満足　新月　154
㉖ 横須賀の老舗カレーはカッコいいぜ　ベンガル　157
㉗ クラシックかつゴージャスな「ザ・中華」　龍苑　160
㉘ シブい商店街の落ち着ける洋食レストラン　魚レストラン　マルシェ　163
㉙ 噂にたがわぬ実力派の中華料理店　中国料理　壱龍釜　166
㉚ 300回記念でエクセレントな焼き肉定食　韓国料理・焼肉冷麺　関内苑　169

コラム3　京急線駅前の食文化　172

番外編　特別座談会　181
①〈ぱあらー泉〉にて　テーマ「ナポリタン」　182
②喫茶&レストラン〈まりも〉にて　テーマ「普通の喫茶店」　192
③中華食堂〈おがさや〉にて　テーマ「菊名で中華」　202

あとがきにかえて　巻末特別対談　211

店舗索引 218

●地図　NDCグラフィックス

*掲載店の情報は取材時のものです。追加取材で確認していますが、メニューや価格など変更されている場合もございます。あらかじめご了承ください。

251話からはじまるよ！

251

春風そよぐ陽気に合う 冷たいそば

そば処 おんがえし

春風がそよそよと吹くうららかな昼下がり。ＪＲ中山駅で降りる。ポカポカして気持ちがいい。ちょっと暑いくらいだ。こういう陽気なら、冷たいそばでも食べるか。そうだ〈おんがえし〉に行こう。

この店は駅近くにありますね。店の前まで行くと、複数あるのぼりがなんともステキ。「目指すはそこそこの店　味もそこそこ　量もそこそこ　値段もそこそこ」とある。楽しい店だなと思いつつ入店すると、ランチタイムのせいか、ほぼ満員だ。ただ、もうすぐ13時なので客は引き始めていた。そこで運よく、端っこの二人掛けの席に座ることができた。

何にするか。いろいろあるけれど、今日のそばランチだな（平日限定）。８８０円。温かいそば、冷たいそば、そして温かいうどんから選ぶので、冷たいそばでＧＯ。

この後そば湯がやってきた

お姉さんに注文して、出てきた温かいお茶を飲みつつしばし待つと登場。こりゃなんとも王道のそば屋ランチ。カツ丼、味噌汁、そば、しば漬け、大根とニンジンのなます、ミニミニサラダまで付いている。

まずは味噌汁からいただこう。ワカメ入りの薄味で、これで気持ちを落ち着かせ、カツ丼に。肉厚のカツの入ったトロトロ玉子のカツ丼。おつゆ多めのしっとり系。これは懐かしくおいしい。そして、ボリュームもあるなと思いつつ、半分まで食べ進む。

そろそろそばも食べようかな。とっくりからめんつゆを器に入れて、ネギとワサビも入れて食べる。モガモガ食べる系のストレートなおいしさ。受け止めるおつゆも辛

くもなく、甘くもなく真っすぐな味。実にいい。箸休めのなますやサラダの存在も実にうれしいね。…どんどん食べ進み、大体食べ終わったところで、店のお姉さんがそば湯を持ってきてくれる。残ったおつゆにそそいでゆっくりと飲む。あああ、おいしい。この時間がそば屋の醍醐味だよね。

　それにしても満腹になった。のぼりに書いていたのはまったく違ったな。つまり、「味は上々、量はたっぷり、値段は安い」だったじゃないかと思い、一人でほほ笑んだのであった。（２０１６年5月22日）

＊追記　値段はこのまま。取材した際、「いずれ文庫にまとめますから」とご主人に話したら、「それまで店が続くかどうか…」と謙虚なお言葉。「そんなことおっしゃらないで、がんばってください！」とお話しした。その後缶コーヒーを一箱いただいたり（ありがとうございました）、一度伺ったりしたが、その後ご無沙汰してしまった。今回久々にお電話したら「なんとかやっていますよ！」と元気な声。よかった！　また伺います！

★そば処　おんがえし
横浜市緑区中山町307−9、
ニューシティハイツ中山1階
☎045（931）8448
JR中山駅から徒歩7分ほど。

252

フォルムは独特 食べてるうちに体の中が活性化

サリサリカリー

ぜひ一度訪れたかったのが、白楽にある〈サリサリカリー〉。ここのカレーは絶品だと聞いていたのだ（以下、ここではカリーと記します）。なんと昔住んでいた下宿のそばだ。ということで、土曜日の15時過ぎに同店を訪れる。

うーん、まず外観がステキ。「一部の人に理解される」「昔人の知恵」「1000年のカリー」と記されている。中に入ると、さすがにこの時間は空いている。スリーコースセット千円を注文（他にはあまりメニューはありません）。セットに付いているチャイも一緒に持ってきてもらおう。店内にはクレイジーケンバンド（CKB）がかかっていて、とてもいい雰囲気。ちなみに、この店はCKBの小野瀬雅生さんも大好きだそうだ。

CKBの曲に身を任せていると、サラダ、カリー、しばらくしてチャイが登場。

実に完成された「スリーコース」！

カリーは独特のフォルム。繊維状になるまで煮込まれた鶏肉と骨が1本ご飯の上にのっている。では食べよう。…これは！辛いが、すうっと体の中に入ってくる感じ。口の中で肉の繊維がさらにほどけて、軟らかめのご飯とともに胃の中に静かに落ちていく。…おいしいよ。

後で伺ったが、これはパキスタン・パンジャブ地方の家庭料理で、何千年も前からある料理とのこと。調理には水を使わず、味付けは塩だけで、後は香辛料を使用するだけだそうだ。説明してくれた店の方もなんとも悠久の時の流れを感じさせてくれるとてもステキなご婦人だった。

さて、話を戻して今度はサラダ。キャベ

ツ、キュウリ、春雨、キクラゲ、ニンジンのダイナミックなサラダ。ブラックペッパーが効いている。まさにボリボリと野菜を食べている実感があるな。そしてカリーに戻り食べ続ける。なんだか食べ続けていると、次第に体の中が活性化してきて元気になってきた実感があるな。かくして食べ終わる。…あれれ、なんだか店の中は客で混んできたな。では最後にチャイを。これはスパイシーでスイートなチャイ。いやあ、辛いカリーを食べた後のチャイはとてもおいしいね。と、再びCKBの曲を聴きつつゆったりとしたのであった。

（2016年6月5日）

＊追記　その後店舗は近くに移転。現在は神奈川区西神奈川3-9-2 電話は045-294-2136。取材時は無休だったが木曜定休に。またスリーコースセットは1200円に。それでも安い。

★サリサリカリー
横浜市神奈川区西神奈川3−7−4
☎045(413)9010
横浜市営バス「六角橋」バス停すぐ。木曜休み。

253 相模湖駅前 長く広く愛され 健やか肉豆腐も かどや食堂

相模湖に行くことになった。なんだかとても遠い気がしていたが、私の住んでいる町田からはＪＲに乗れば５８０円で到達することができるんですね。

ということで、よく晴れた土曜日に、横浜線と中央線を乗り継いで相模湖駅に到着した。実は、この相模湖駅前で昔からとても憧れていた店がある。それが、〈かどや食堂〉なのだ。店名だけでもなんだかワクワクするなあと思いつつ、駅前に立ち見渡すと、駅前にあったよ。

11時50分に入店し、奥の席に座る。メニューは多彩でどれを食べるかとても悩ましいのだが、この店で特に食べたかったのが、肉豆腐定食、７５０円。やはりこれを注文する。かくしてお茶を飲みつつ待つ。窓の外をぼんやりと見ると、神奈中バスが走っていて、やはりここは神奈川なんだと実感する。

ナルトが「絵的」に美しい！

視線を机に戻すと、懐かしいコイン式星占い機が机の上にあるな。へえと思っていると、店の人が重箱を持ってくる。「お菓子です、どうぞ」とのこと。ふたを開けると、なんとパンの耳でこしらえたかりんとう。ポリポリ食べる。おいしいね。素晴らしいサービスだと感動していると、定食登場。スゴいボリュームだ。ナルトがなんともキュートだ。まずは味噌汁から。キャベツとともに入っているのは高野豆腐！　高野豆腐の味噌汁って、初めて食べたけれどおいしいですね（具は日替わりです）。
ではメインに。タマネギ、白菜、長ネギ、三つ葉、そして大量の豆腐と肉などで構成されている。食べると優しく甘い。よく炊

けた軟らかめのご飯ととてもよく合う。野菜のボリュームと優しい味付けで、なんだか健やかになっていく実感。いやあ満足だ。漬物も、大根、カブ、キュウリの自家製。ちょっと酸っぱくておいしいなあ。

それにしても、店内には続々と客が入ってくる。観光にやってきた家族連れ、仕事途中のおっさんたちなどさまざまな客層で、まさに駅前食堂。広く愛されているスンバらしい食堂なんだなと思いつつ、冷たいお茶を飲んだのであった。…あっ、食後には120円の手作りプリンを食べなくちゃね。

（2016年6月19日）

＊追記　肉豆腐定食は850円に。豆腐は手作りの豆腐に。また手作りプリンは150円になった。パンの耳のかりんとうサービスもあるそうです。

★かどや食堂
相模原市緑区与瀬本町12
☎042(684)2002
JR相模湖駅から徒歩1分ほど。火曜と毎月最後の月曜が休み。

254

玉子天

割ると中から黄身がT-TKG進化

天たま家

白米至上主義の私は通常おかずと白米を分離して食べるが、そんな私でもＴＫＧ（玉子かけご飯）の魅力には抗しがたい。私のみならずＴＫＧはファンも多いので、今回と次回はＴＫＧの紹介です。特に今回はＴ－ＴＫＧ（天丼玉子かけご飯）です。

その店は保土ケ谷にある。ここ懐かしいな。学生時代、天王町に住んでいたときに散歩で時折やってきたよ。さて、ＪＲ保土ケ谷駅を東口に出て駅前の商店街を少し戸塚方面に歩くとありました、天たま家！　入店すると満員！　土曜の昼のせいかサラリーマンはいないね。カウンターの後ろにある長椅子に座って待つ。

よし、天丼７００円に味噌汁50円を付けよう。しばし待つとカウンターが空いたので着席して注文。ちょっと暑かったので、温かいお茶と水を両方いただく。水はレモン水だと感心しつつテレビを見つつ待っていると、登場！　ものすごく立体

実はご主人の創作魂がみなぎっているのだ！

的！　美的！　では味噌汁から。ワカメ、豆腐、ネギのオーソドックスな具だが、おだしが利いていて実においしい。

　これはスゴイぞ、と予感しつつ天丼に。海老、イカ（デカイ！）、玉子、そして野菜天。店のお姉さんに伺うと、きょうはエノキ天、マイタケ天、タマネギ天とのこと。まずは玉子天を割るのが正しい食べ方らしいので、箸でブスリ。中から黄身がにょほ〜。いいね。ここに天丼のタレを足してまずはご飯を。うん、これはＴＫＧの発展系Ｔ－ＴＫＧだ。天ぷらの油と黄身のコクが合体し、抜群のおいしさ。

　一方、白身は淡泊に香ばしく揚がりおいしい。白身を揚げるとカニ肉に味が似てく

る。エノキ天、マイタケ天もシャキシャキおいしい。ああ、大葉の天ぷらもある。食べると中に酸味のあるものが。またしてもお姉さんに聞くと大葉の梅肉挟みとのこと。梅肉の酸味が、気持ちを新たに天丼を食べ続けられるよう機能しているな。いや、スゴイ天丼だと思いつつイカを食べると、軟らかくてとてもいいイカ！　イカ好きの私にはたまらないなと思いつつ、大根とキュウリの甘酢の漬物を食べたのであった。あっ、当然海老もおいしかった。この店、恐ろしい実力店だよ。（2016年7月3日）

＊追記　天丼は800円に。ただし野菜3品が創作天ぷら5品になったそうだ。味噌汁50円は変わりません。

★天たま家
横浜市保土ケ谷区岩井町53
☎045(872)0206
JR保土ケ谷駅から徒歩3分。隔週土曜と日曜休み。

255 すべてがおいしく悩ましいR-T-K-G

らーめん　山猫亭

　ＪＲ横浜線の矢部駅と淵野辺駅の間においしいラーメン屋さんがあると聞いた。特に唐揚げセットがステキだと。へえ。ちょうど、日曜日に相模原で用事があったので、ついでに食べていこう。

　ということで、相模原駅から国道16号をテクテクと歩く。この道は歩きやすいな。かくして20～30分歩いて、店に到着（普通は矢部駅か淵野辺駅から歩いてください）。16時だったせいで他に客はいない。ちなみに、ここは玉子もとてもおいしいらしい（「さがみっこ」という玉子です）。悩むが、香る塩（ラーメン）６５０円＋まんぷくセット２８０円＋玉子１５０円にしよう。１０８０円。ちょっとしたごちそう値段になったな。麺は細麺、中太麺いずれか選べる。細麺だな。

　オヤジさんに注文してセルフの水を飲みつつしばし待つ。かくして、まずラーメ

まさにごちそうが大集結！

ンと唐揚げが登場。持ってきてくれたおかみさんによると、チャーシューの上に花咲ガニの「だし汁」がのっているから、そこはすくって味わってほしいと。

そりゃワクワクするなあと思っていると玉子と小ご飯登場。今回はR－TKG（ラーメン＋玉子かけご飯）ですね。玉子は最初は黄身だけすくって少し醤油をかけて食べてほしいと。その後はのりとふりかけをお好みで、と。ではまずラーメンのスープ。それもカニのあたりから。…磯の香がステキだ。そしてそれ以上に、スープ自体に深いうま味が満ち満ちているよ。キラキラと透明な黄金のスープ！　これはスゴイよ。メンマも麺ももちもちしていていい感じ。

軟らかくておいしい。
　ではTKG。作法通り食べる。…玉子が濃い濃い濃い！　困ったなあ。ものすごくおいしくて、これだけ黙々と食べたいよ。だが唐揚げもあるんだよなと食べると、こちらも手抜かりのないおいしさ。トマト、そして唐揚げの下のモヤシもシャキシャキとおいしい（レモンも搾って食べました）。再びラーメンに戻りチャーシューを。…ぐぐぐ。これがまた軟らかくて抜群の出来。いやあ、全てがおいしくて、とても悩ましい山猫亭なのだった（結果として超満腹になりました）。
（2016年7月17日）

＊追記　香る塩（ラーメン）は700円、まんぷくセットが300円に。玉子は150円のままです。玉子がとてもおいしかった。当日、お土産でもいただいちゃいました！

★らーめん　山猫亭
相模原市中央区相生4−1−17
☎042(707)7110
JR矢部駅から徒歩10分ほど。水曜定休。

番外編

イセザキ ふらふら長く愛される各店

明治期以降、ヨコハマでふらふらして楽しい街といえば、やはりイセザキ。今回は夏休みスペシャルということで、モールを関内側の入り口辺りからふらふらと歩いてナイスなスポットを紹介しましょう。

まずイセザキモール入り口の向かって右にあるのがイセビルの1階にある〈崎陽軒〉売店。ここには、定番のシウマイ弁当のほかに（私は横濱チャーハンが好き）、横濱シウセージドッグというのがあり、いつも興味をそそられるがまだ食べたことがない。

その反対側にあるのが〈いせ一〉。ここは輸入食材の老舗で、ここで時折ミスターピーナッツ（プランターズ）の青い缶などを買うのであった。…そのまま、真っすぐ行くとわれらが〈有隣堂伊勢佐木町本店〉があるので、ここでじっくりと本の世界に浸る。…そして店を出たときは、おなじみの緑色の袋に数冊の本が入っているのであった。ああ、シアワセ。

そしてその本を抱えて、有隣堂の前にある文明堂に入る。実は売店の奥に〈ル・カフェ〉という喫茶店があり、ここが超おススメ。本紙で連載している「私の好きな喫茶店」でも紹介したけれど、どら焼き「三笠山」の皮で作った焼きたてのパステルがナイス。ただし、この季節ならば「グラッソンブリゼ」というフワフワのかき氷も食べたいところです。

なお、スイーツならば、さらに真っすぐ進んで〈不二家〉〈横浜センター店〉にも行きたい。この不二家レストランビルはとても由緒正しく、かつては建物のすべてが不二家系の飲食店だったそうだ。今でも往年の雰囲気を感じることができるので、とてもおいしいオリジナルのケーキやストロベリーパフェを楽しみたいところ。

ちなみにイセビルは戦前からずっとある歴史ある建物だ（1927年築）。今なお現役で、店舗は結構入れ替わっている。2階の〈kawara〉というカフェ&ダイニングが良かったが、最近閉店してしまった。残念。

…話をイセザキに戻して、不二家を通りすぎてブックオフを右折したところにあるのが〈グリル桃山〉。ヨコハマには数々の洋食の名店があるけれど、この店もそのうちの一つ。2階がちょっとおススメです。再び本通りに戻って、ちょっと場所が前後するけれど、〈戸隠本店〉というそば屋も手ごろな値段で落ち着いておいしく食べられる店だ。

関内駅からすぐ。イセザキモールの入り口

再びオデヲンビルに向かって歩いていく。かつてはこの辺りにはナイスな古書店がいくつもあったけれど、今は昔。そう、オデヲンの中には先生堂古書店があり、本当によく通った。まさかドン・キホーテになるとは思わなかったよ。でもトイレの位置は先生堂古書店の頃から変わらないので、体がその場所を覚えているのであった。

…この先も記したいけど、まだまだ長くなりそうなので、またの機会に！（2016年7月31日）

＊追記　この回は実は関内の伊勢ビルの「瓦」を掲載予定だったが、掲載直前に当時の紙面担当M氏が確認したところ、なんと閉店するとのこと！ 休載にするかという話もあったが「とりあえずイセザキのエッセイを書くから、Mさんはイセザキの写真をすぐ撮ってきてください！」とお願いし、なんと2時間で本稿を書き上げた。まあ、大変だけど、わりとこういう直前のバタバタも嫌いじゃない(笑)。いつもなら困るけど。せっかくなので、「瓦」の原稿も載せます（140ページ参照）。かなりいい店でした。ちなみに「瓦」は仲間の店が横浜駅などにあります。

256 いまがわ食堂

磯の香漂う生玉子入り ごまさば丼

町田に住んでいる私だが、駅まで歩いていく途中に〈いまがわ食堂〉というお魚の店ができていた。へえ。町田だけれど三浦半島直卸とのこと。それならば紹介しようと思って2階にある店に入った。

土曜の14時前。店の奥の2人掛けのテーブル席に座る。何にしようかなと思ってメニューを見ると、私の大好きなサバの丼があるじゃないか！「名物！ごまさば丼」とのこと。これだな。魚の煮つけが付いている1060円のにしよう。

注文して出てきた大きな水を飲みつつしばし待つ。オシャレなお店で客は若い人からファミリーまでいろいろだなと思っていると、さっそく登場。こりゃものすごくおいしそうだ。若いご主人が出てきて、最初に食前酢を飲んでその後、野菜から食べ進めてほしいと、にこやかにアドバイスしてくれた。

かなり美しい「定食」！

私はいつもは味噌汁から食すけど、ここは店の方式に従い、まずは酢から。梅果紫蘇《しそ》というお酢とのことだがこりゃさっぱり。続けておひたしと漬物を少し食べる。シャキシャキしていいおひたしだね。では本番。味噌汁。ああ、青のりの味噌汁！磯の香がステキ。三浦半島の青い海が目の前に広がっていくようだ。ちなみに、この味噌汁はかつおぶしは使っていないそうだ（なお、ワカメ、おふの具も選べます）。

続けてごまさば丼。最初はすりごまなしで。おっ、また生玉子だ。今日は「S-TKG」（サバ玉子かけご飯）だな。玉子を混ぜてスプーンでパクリ。むむ、サバの身の確かな爽やかさ、タレの濃さ、玉子の

なめらか感が絶妙で、ご飯をパクパク食べてしまう。うまいな。それではごまもスリスリして投入。おお香ばしい。続けて煮魚。これはアジだそうで、優しい甘い味付け。これは白いご飯を食べたい欲望がふつふつと湧いてくるな。しかし今、目の前にあるご飯にはおいしいサバがあるからなと思いつつ、少しだけサバをどかしてご飯の白いところで煮魚を食べたのであった。

ああ満足。これは健康的でおいしい店が近所にできたな。今度はマグロカツを食べに来ようと思いつつ、おひたしの残りを食べた。（２０１６年8月21日）

＊追記　「名物　ごまさば丼」の定食は１０８０円に。ただし、魚の煮付けはなしで、今は丼をお茶漬けにして食べることができるようになったそうだ。へえ。それはそれでおいしそうなのでまた行ってみよう。

★いまがわ食堂
町田市森野1−39−5、第二モリビル2階
☎042(732)3671
小田急線町田駅徒歩30秒、JR町田駅徒歩4分（いずれも北口）。年中無休。

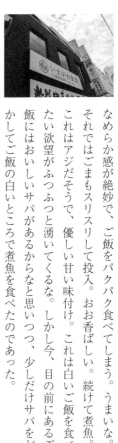

257 多くの種類で幸せ海鮮ちらし シャリもいい具合

寿司 川徳

阪東橋から横浜橋通商店街を抜けて中村橋に行く途中にも、いい店は結構ある。今回は〈川徳〉でランチの丼を食べよう。

土曜の13時50分だがまだお客さんは結構いるな。ランチ丼はマグロ丼、ばらちらしなど3種類あるがご主人に伺うと、海鮮ちらしが一番よく出るとのことで、それに。各900円。カウンター席の隅に座り、出てきた大きなお茶を飲みつつしばし待つ。目の前でご主人が作成してくれていて、ワクワクするなあ。すし屋はライブ感があって楽しいなと思っていると、海鮮ちらし登場。おおデザートのパインも一緒にきたよ。

まずはおわんから。しじみの味噌汁。いいおだしが出ている。思わず「おいしいですね」と目前のご主人に言うと「ありがとうございます」とニコリ。具は甘海老

もう、ごちそう感であふれています！

の頭と交代だそうだ。では海鮮ちらしに。

　いろいろ入っているなあ。固定のネタと日替わりがあるとのこと。見えるのは、玉子、レンコン、タコ、白身魚、海老、小柱、かまぼこ、ガリ、小さいホタテ、イカ、コハダ、そしてマグロだ。どれから食べようか。大好きなタコから。コリコリしていいタコだ。続けてレンコン。シャキシャキ！

　多くの種類が食べられて幸せだ。小柱、イカ、白身魚、かまぼこと食べ進み、コハダに。これは酢が効いている！

「おいしいですね！」。またご主人に言ってしまう。「今日のは大きいけど脂がのっています」と。なるほど。私はコハダは酢が強いほうが好きなんだよね。続けてエビ、

ホタテ、玉子と食べて、最後はマグロ。ああ爽やかなおいしいマグロ。シャリもいい炊き具合で素晴らしかった。大満足。食後にパインをいただきつつ、少しご主人に話を伺う。

この店は戦前に浅間町で開店したが、空襲に遭って戦後、弥生町に移転。弥生町…。思い出した！「わかった！ 横浜橋通商店街入り口のあそこですね！」「そうなんですよ」と、ご主人。そして２０１３年の11月に現在の地に移転したのだった。ランチを始めたのは15年の11月からで、南区役所の人たちもよく食べにくるそうです。（２０１６年９月４日）

＊追記　値段は変わらないそうです。

★寿司　川徳
横浜市南区浦舟町1－2－6
☎045(251)5637
横浜市営地下鉄阪東橋駅から徒歩4～5分。火曜定休。

258

名店の焼きそばギョーザやスープ大ごちそう大会

中華料理　天龍本館

ＪＲ南武線で川崎駅にやってきた。駅前の某所で用事が終わって13時。ああ、おなかが空いた。どうしようかな。よし、今日は〈天龍〉で中華を食べよう。天龍は川崎駅近くにいくつかあるが、今日は本館に行こう。川崎市役所のそばですね。店の近くには、以前本連載で紹介した「味のデパート　コシバ」もあり、双方市役所で働く人たちに、とても愛されているのだった。

さて、天龍本館に入り、店の奥のテーブル席に座る。ランチタイムをちょっと過ぎたので、店内は少し空いてきて落ち着いた感じだね。さて、何にするかメニューを見てじっくりと考える。ランチはいいかな（この日はマーボーナスだった）。…あっ、大好きな焼きそばがある。５８０円。これに小ライス１３０円を付けて、名物のギョーザ（半ギョーザ３個）を１４０円で付けよう。しめて８５０円。ステキな

半ギョーザがメニューにあるのがうれしい

値段かつ、素晴らしい組み合わせになったなと一人満足しつつ、お姉さんに注文する。

出てきた冷たいお茶を飲みつつ待つと、焼きそば、小ライス、スープ、ザーサイ、そしてギョーザがやってきた。スープとザーサイを付けてくれたので、完全に定食になったな。ありがたいですね。それにしても大ごちそう大会という感じだよ。まず、ラー油、酢、醤油でギョーザのタレを作り準備完了。ではスープからいただくことにしよう。

ネギが具のシンプルな醤油ベースのスープだが、上品で地道においしい。いいね。続けて焼きそば。これはスゴイボリューム！ キャベツ、モヤシ、ニラ、肉がたっ

ぷり入っている。食べると平たい麺がシコシコとおいしい。焼きそばは野菜炒め的側面もあるので、おかずとしても強く機能するのだ。ご飯をモリモリ食べる。ああ、おいしい米だ。ザーサイもナイスだし、さすがは名店の安定感だ。

かくしてギョーザに。タレをつけて食べると、これは皮が軽くてクリスピー。具もあっさりしていて、どんどん食べられるおいしさだなと思いつつ、再び焼きそばに戻ったのであった。……しかし、さすがに食べ過ぎました。（2016年9月18日）

＊追記　焼きそばは660円に。半ギョーザ3個は150円に。小ライスは120円となりました。

★中華料理　天龍本館
川崎市川崎区東田町6−17、天龍ビル
☎044(246)1555
日曜休み。JR川崎駅から徒歩15分ほど。

259 ボリューム満点おかず力爆発！無意識にお代わり

あぶり屋　きんとき

小田急で中央林間駅に来た。ここは東急田園都市線でも来ることができますね。街自体はややオシャレ感が漂い、東急勢力が勝っている気もするけど、私は町田人なので小田急利用の方が多いわけだ（まあ、ＪＲ横浜線長津田駅からも来ますけどね）。

さて、ちょうど昼なのでランチだな。駅前の〈きんとき〉という居酒屋がランチをやっているぞ。おお、日替わりが７２０円だ（税込み）。ご飯もお代わりできるようなので、迷わず入店する。日替わりはチキン南蛮。やはりこれだなと思いつつ、案内されるままにカウンター席に座り注文。ランチタイムなのでわりと混んでいるね。店内にはゆったりくつろいでいるおじさんや昼食を楽しんでいるご夫婦など多彩な感じ。カウンターの向こうではお店の人が黙々と調理に励んでいる。カウンター

ご飯のお代わりができるのもうれしい！

越しに調理の様子を眺めているのはいいものだなとか考えていると、ランチが登場。

これはすごいボリュームだ！　チキンを揚げた大きな塊が5個なんだね。漬物も付いている。いつも通り、まずは味噌汁からいただくことにしよう。モヤシ、豆腐、タマネギ、そしてシイタケも入っていて、キック力のある濃いめの味噌汁。まさに居酒屋ランチらしい力強い味噌汁。これはおいしい。

続けてメインに。メインの皿のサラダ部門は、大根、レタス、ニンジン、トマトなどだな、豊富だなと確認しつつ、チキンにかぶりつく。ふっくらと揚がっているよ。やさしいチキンとタルタルソースのコクでおかず力が爆発！　いやあ、こりゃたまら

んわ。大体チキン南蛮のタルタルだけでご飯2杯くらいは食べられるからなあと考えつつ、パクパクご飯を食べてしまう。
　ああ、米もおいしいよ。お代わりしようかな。しかし、食べ過ぎると、間違いなく午後が眠くなってしまう。ただし、まだまだチキンも多いしなと思いつつ、気がつくと、無意識のうちに、ご主人に「お代わり半ライスでください」とお茶わんを差し出していたのであった…。ああ、最高においしかった。やはり午後は睡魔との闘いでした。（2016年10月2日）

★あぶり屋　きんとき
大和市中央林間4−5−5
☎046(272)2941
中央林間駅から徒歩1分。
不定休

＊追記　10月以降、日替わりは733円に。

260 心込めて作られすべてがおいしく体に染み通る味

中国料理 煌蘭 藤沢店

藤沢で午前中いっぱいの用事が終わって13時。用事に同行しているKさんがいたので、落ち着いて食べられるところで昼食を食べていこう。

それならさいか屋だな。外の風景が見られるガラス張りのエレベーターで8階のレストラン街に直行する。ここに中国料理の〈煌蘭〉があるから、そこにしようか。入り口で少しだけ待ったが、わりとすんなり入れる。

店内は混んではいるが、席の余裕はある。実はこの店、かなり広いんだよね。メニューを見るとサービスランチセット1080円がある。ABCの3種類。私はAの酢豚、KさんはBの角切り鶏肉とギンナンの炒めにするそうだ（ちなみにCはエビと豆腐の塩味煮込み）。

かくして注文して出てきた温かい中国茶を飲みつつ待つ。おいしいお茶だ。しか

ゆっくり食べられるのもいい

し今日は外が暑かったので、冷たいお水をもらうと、なんとレモン水！　なんだか一つ一つがちゃんとしているなと思っていると、ランチ登場。

デザートの杏仁豆腐も一緒に持ってきてもらう。まずはスープ。かき玉で、ニンジン、豆腐、そしてなめこが入っていて、とても優しい味。ああ、体に染み通っていく味だこと。続けて酢豚。豚肉、ピーマン、ニンジン、タマネギの入った直球の酢豚で、甘酢あんでご飯がもりもり進む。あ、トマトも入っている。道理でフレッシュな酸味があると思ったよ。

それにしても、おかずを受け止めるご飯がとてもおいしい。このランチも構成する

一つ一つの「部分」が心を込めて作られているので、「全体」がとてもおいしくなるんだね。「こりゃおいしいね」とKさんとうなずき合いつつ、二人でご飯のお代わりをもらい、もりもり食べる。あ、お代わりもできるのです。なお、漬物はザーサイとつぼ漬けと2種類あるのもうれしいね。

満足して食べ終えて、デザートの杏仁豆腐。これがまた、今風の「トロリ杏仁」ではなく、クラシックな寒天風杏仁豆腐。「やっぱり、杏仁豆腐は、こういうカッチリしているタイプがいいよね」とまたしてもKさんと語り合いつつ、おいしく食べたのであった。(２０１６年10月16日)

＊追記　サービスランチセットは１０８０円のまま。

★中国料理　煌蘭　藤沢店
藤沢市藤沢555、さいか屋藤沢店８階
☎0466(26)0040
JR小田急線藤沢駅から徒歩1分。無休。

261 大きなカツにサクリと揚がった甘めの衣がステキ

とんかつ　方丈

昼過ぎに京急で横須賀中央駅に到着。おいしいとんかつ屋があると聞いてやってきたのだ。ということで、駅前のビルの地下にある〈とんかつ　方丈〉へ。

今日は土曜だけれど、ランチをやっているよ。ロースカツ定食810円。いいね。これにしよう。店内はそんなに広くはない。隅っこの二人席に座り注文。うーむ、ランチでなければ、バラカツ定食（三枚肉をカツにしたもの）や、香り巻き定食（シソの葉と長ネギをヒレで巻いたもの）もおいしそうだなと思っていると、わりと早くランチ登場。…うわあ、なんだこのカツの大きさは！　びっくりしたよ。さらにつぼ漬け以外にも、冷ややっこも付いていていて実にうれしい。

では味噌汁から。しじみとネギの具の赤だし。いい濃さ・いい温度・いい量でうまいよ。続けてカツに。まずはレモンを搾ってと。調味料としては、ソース、辛い

カツをどこから食べるかで人の個性がわかる（気がする）

ソース、塩があり、おかみさんによると、通は塩とのこと。それならばまず塩で食べてみようか。

以前は、カツは左端から食べ進めていたが、なぜか最近は左から三つ目のピースから食べるようになったよ（理由はよくわからない）。…おお、確かに塩で食べると肉のうまさが引き立つな。しかし、私はソースとからしの方がいいかなと思い、そちらに切り替えてモグモグ。適度に噛みごたえがある肉々しいおいしさ。サクリと揚がった、ちょっと甘めの衣もステキ。こりゃたまらんと、ご飯を食べると、実にいい米！

炊き加減の絶妙さと米自体のおいしさが際立っている。後で伺うと、ご飯は精米2

日以内のものだそうだ。なるほど。

　続けてキャベツを食べると、切り方がいいのだろう、最高の千切りキャベツで、これまたもりもり食べてしまう。良いとんかつ屋にはカツがおいしいことを除いて三つのポイントがある。①味噌汁がおいしいこと②米がおいしいこと③キャベツ（パセリ）がおいしいこと―だ。この店はすべてのポイントを大きくクリアしている。今日はいい日だと思いつつ、すぐさまご飯をお代わりしたのだった。ちなみにご飯、キャベツは1度お代わりできます。

（２０１６年10月30日）

＊追記　ランチのロースカツ定食は８８０円に。

★とんかつ　方丈
横須賀市若松町３－18
☎046(828)6761
京急線横須賀中央駅から徒歩１分。月曜定休（祝日の場合は翌日）。

262 大倉山のオサレなワンプレートハンバーグ最高！

洋食居酒屋　REVEL

『かながわ定食紀行　第5巻』のチェックのため、以前紹介した大倉山の「江南」に来たら別の店に替わっていた。おやおや。しかし、新しいこのお店もとてもおいしそうな雰囲気だ。ちょうど昼時なので（13時過ぎ）、ここで食事をしていくこととしよう。

店内の雰囲気は変わったけど、構造自体はあまり変化がないよね。店に入って奥のテーブル席に座る。イタリアンベースのようだが、ご飯ものもランチにあるね。和牛ハンバーグプレートがおいしそうだったので、これだな。店のお兄さん（ご主人）に注文する。９７２円。

客はマダムたちのランチ会合やら、家族の食事やらで、大倉山らしいゆったりとした時間が流れている。そんな居心地の良い店内の雰囲気をぼんやり見つつ水を飲

スタイリッシュだが、実力派のハンバーグ！

んで待っていると、ハンバーグプレートランチ登場。こりゃオサレなワンプレートランチ！ポーションされたライス、ハンバーグ、トマト、オクラ、サラダが付いている。

最初は野菜から食べるか。まずはオクラ。あっ、味が付いている。ネバリがあってい い。後でご主人に伺ったら、浅漬けにしたオクラだそうだ。へええ。次はトマト。これはおいしいプチトマト（アイコ）。甘いね。

ではいよいよハンバーグに。ブスリとお箸を入れる。表面はやや硬いが、中は軟らかく、肉汁がジュワー。思わず口に入れると、カリッ、フワリ、ジューシーな最高のハンバーグ。カリッは表面にパン粉を付けているからだそうだ。いやあ、かかってい

るグレービーソースのまったり度もステキ。ご飯が呼ばれているので早速食べる。うまいねえ。

いやあ、グレービーソースって、ハンバーグとご飯をよく取り持つよね。応用すると、とてもいいロコモコ丼ができるだろうと思いつつ、バクバク食べる。途中、グレービーソースを徹底的に食べたくなったので、スプーンでソースをすくいつつ食べた。…ああ、肉食べて、コメ食べて、とても元気が出たなと強く実感しつつ、最後に残った野菜サラダをもりもりと食べたのであった（栄養バランスもバッチリ）。

（２０１６年11月13日）

＊追記　残念ながらご飯物はなくなった。ただランチコース１６００円税込みのなかにハンバーグはある。ちなみに、このコースはサラダ→ハーフパスタ（５種類）→メイン（和牛ハンバーグなど５種）→コーヒー（紅茶）→アイスクリームというかなりお得な内容です。これはいい！

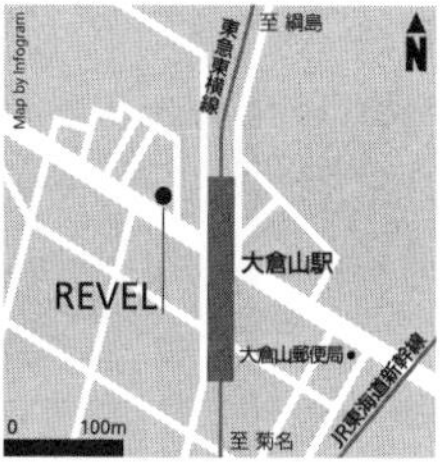

★洋食居酒屋　REVEL
横浜市港北区大倉山２－２－１、エルム392ビル２階
☎045(541)5242
東急東横線大倉山駅から徒歩１分。水曜定休。

263 弾力あるちくわタレは甘い天丼に感動

そば処　寿庵

小田急で、小田原にやってきた。用事を済ませて時計を見ると15時。ちょっと遅いけれども、ランチを食べていくことにしよう。老舗の〈寿庵〉はどうだろうか。店の前まで行くと、幸いまだ日替わりサービスランチをやっていたのがわかったよ(平日のみ。11時から数量限定)。今日は金曜日なので、ランチ天丼＋そばで９２０円。いいね。

入店して、やや奥の席に座り、注文。そばは冷たいのにできるそうなのでそうしてもらう。出された温かいお茶をいただく。おお、そば茶かな、とても香ばしくておいしい(後で伺うと、そばとほうじ茶のブレンドだそうだ)。

それにしても、このシックな店内は素晴らしい。本当に小田原は名店が多いなと思っていると、ランチ登場。いいじゃないか。お新香はキュウリ、ニンジン、大根で、ちょ

コシの強い蕎麦もとてもおいしい

ろりと醤油がかかっているところが親切ですね。ではまず丼のふたを取る。黒い系の天丼ですね。のっかっている天ぷらは、シシトウ、ナス、エビは確認できたが、後はよくわからない。まずはエビの後ろにいる天ぷらから食べる。これはちくわ天じゃないか！　弁当ではなく、お店で食べる天丼で、ちくわというのは、わりと珍しい。私は宇宙のなかでもちくわ天をこよなく愛しているので、これはかなりうれしい。かじると弾力が豊かなおいしいちくわ天。これまた後で伺うと、地産の良いちくわだそうだ。

天ぷらにかかっている黒いタレは甘くて強めのコクでご飯がおいしいなあ。そろそろそばを食べるか。まずネギとワサビを入

れてと…。ツルツル。この寿庵のそばは細麺でコシが強め。ゴギゴギ食べる感じが最高においしい。では再び天丼に。この黒い天ぷらはひょっとして…。やはり海苔《のり》天！　これまた宇宙のなかで、ちくわ天と並んで好きな海苔天まで入っているなんて！　感動しつつ、お新香のキュウリをかじったのであった。

なお、このランチを食べたのは10月でしたが、本記事が出るころには、ランチはリニューアルされているそうです。ワクワク。また行こう！（２０１６年11月27日）

＊追記　火曜～金曜のランチは日替わりのミニ丼＋そば（せいろｏｒかけ）に変更。つまり、そばがメインとなった。値段は丼次第で変わるそうです。ただし、月曜日はたぬき（温／冷）＋かやくご飯。ちなみにこれだと９９０円でした（税込）。実は電話で確認した後、たまたま小田原に行く用事があったので、店の前で確認しました。

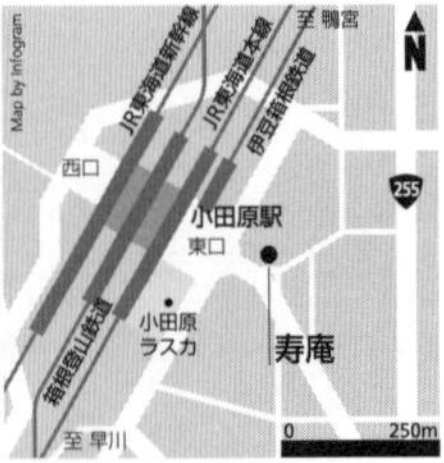

★そば処　寿庵
小田原市栄町２－１－26
☎0465(22)2862
小田原駅から徒歩２分。不定休。

264

ミナトヨコハマ 思い出の店で優しいおいしさ

SCANDIA

おだやかに晴れた晩秋のある日。打ち合わせで神奈川新聞社を訪れた。別の用事もあって、仲間のSさんも同行している。打ち合わせと用事が終わって12時40分。いい時間だ。

Sさんもいるのでシャレオツな店で昼ご飯を食べよう。「ちょっと歩くけどいい?」とSさんに同意を得て、港の方に歩いていく。目指すは〈スカンディヤ〉だ。ここは思い出の店だ。社会人になって初めての給料で食べにきた店なのだ。あれから26年ほどたったなと思いつつ、店に入るとかなりのにぎわいで少し待つ。

にぎわっていると言っても、気持ちよいさざめき。外からは小春日和の柔らかい日の光が入り、まるでロートレックの絵のようだ。うっとりしていると窓際の席があき、Sさんと座る。ランチは税込み1400円で飲み物付き。どれにしようか迷っ

食事後のコーヒータイムも実に素敵でした

たが、「ノルウェー人の家庭料理」(温野菜とエビ・ポーク・ポテト3種類のコロッケ風)にしよう。ライスね。Sさんは「コルドンブルー」(ポークカツレツ、ハム・チーズ入り)でパンだそうだ。飲み物は二人ともコーヒー。

注文後、Sさんと話しつつ待つ。「欧州っぽい店内ですね」とSさんも喜んでいる。よかったなと思っているとランチ登場。こりゃおいしそう。左からポテト、ポーク、エビだそうだ。早速ポテトから。衣はサクサク、中身ホクホクのハイレベルなうまさ。コロッケにソースもかけてと…。ご飯も食べよう。ちょっとユニークなご飯。おしんこ代わりのピクルス付きで炊き込みご飯のようだ。通りすがりのお姉さんに聞くと、オリーブオイルとチキンブイヨンでマッシュルームと炊き込んでいるそうだ。へえ。食べると、ブイヨンの優しいうま味が米にしみわたっていて初体験のおいしさ。感動しつつ、やわらかい味わいのポーク、プリプリ感のあるエビと食べ進む。

「これもすごくおいしいですよ」とSさんが少しコルドンブルーをくれたので、私も少しコロッケをあげる。いやあうまいね。大満足で食べ終え、食後はゆったりコーヒーを楽しんだのだった（写真には写っていないが、ステキなマグカップ）。

（2016年12月11日）

＊追記　10月以降、税込1500円になりました。

★SCANDIA（スカンディヤ）
横浜市中区海岸通1－1
☎045（201）2262
みなとみらい線日本大通り駅から徒歩3分。無休（2階は日曜のみ午後5時から営業）。

265 寒い冬にはカキフライと白玉しるこ 末廣園

寒い。冬。曇り空。はい、3条件そろったので、今年もカキフライを食べよう。ということで、用事があったので、白楽駅から六角橋商店街を歩いて六角橋の交差点のところに出る。あっ、〈末廣園〉がある。かつて白楽に住んでいた時に時々定食（弁当的なもの）を食べていたな。店の表に貼ってあるメニューを見るとカキフライ定食がある。１０８０円。よしこれだなと入店する。

懐かしいな。落ち着いた店内の雰囲気は変わっていないよ。真ん中辺りのテーブル席に座りおかみさんに注文。ここはウナギもいいんだがと思い出しつつ、出てきたお茶を飲む。ぼんやりと店内に貼られたメニューを眺めると、白玉しるこが１０8円だ！　この記事は1月の掲載だから、ちょうどいいやと追加注文（正月は餅だからね）。スイーツが付いたことで豪華な食事になったなと満足していると定食登

実に美しい定食。そして美味しい！

場。白玉しるこも一緒に持ってきてもらう。

まずはご飯と味噌汁のふたを取って、味噌汁から。ネギと豆腐のシンプルな味噌汁だが、寒かったので体にしみわたるおいしさ。続けてカキフライ。美しいのが五つ。タルタルとソースが添えられているので、まずはレモンを絞って手前の一つにタルタルをかけてパクリ。ややハードに揚がった衣と中のジューシーなカキのステキなハーモニー。玉子たっぷりのタルタルのまろやかさもいいけれど、ソースの力も欲しかったので両方かけて食べる。ああうまい。

ご飯の炊き具合もナイス。大根、キュウリ、さくら大根の漬物も食べて、小鉢に着手。肉そぼろと白菜の煮物で、こういう小

鉢の存在がとてもうれしいんだよね。かくしてご飯、生野菜を食べ終え、最後に白玉しるこ。白玉が少し緑っぽいなと思っていたら、通りかかったおかみさんが「枝豆が入っているんですよ」と。へえ。まずはスプーンでしるこを。優しい甘さ。ああ、食後のスイーツは最高だと思いつつ、白玉を。これもトロトロのイイイ白玉（正しくは緑玉か）。ちょっと遅いけれど、いい正月ですね。それでは読者の皆さま、今年もよろしくお願いします。（2017年1月15日）

＊追記　10月以降、カキフライ定食は１１００円に。

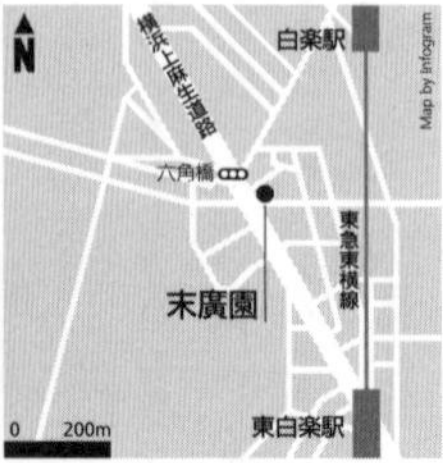

★末廣園
横浜市神奈川区西神奈川３－９－１
☎045(432)2492
東横線白楽駅、東白楽駅から徒歩７分。月曜定休。

266 黒酢で食べるタダシイ水餃子あああおいしい！
瓦奉店

昼過ぎに東急東横線を新丸子駅で降りる。ここにステキな餃子の店があると知ったからだ。店名は〈瓦奉店〉。おかみさん（ご主人）のおじいさんが、駅長を務めていた南満州鉄道の駅名に由来するそうだ。この店の水餃子は現地のお手伝いの方から教わったものとのこと。つまり中国東北部由来のとてもタダシイ餃子なのだ。

さて、店は駅の近く。入店するととてもカワイイ店内。入り口近くの2人用のテーブル席に座る。ランチがいろいろあるな。やはり水餃子定食だろうと注文。880円。おかみさんに伺うと、本当は店では水餃子だけにしたかったが、焼き餃子や定食の要望もあったので、それを供するようになったそうだ。

ちなみにこの記事が出る前日の1月28日が今年の春節（中国の旧正月）。中国の人は、日本人が正月に餅を食べるように、春節はもりもりと水餃子をたくさん食べ

定食もステキだけど、水餃子だけをモリモリ食べるのもいいですね

るんだよな。そんなことを考えていると、定食が登場。とても美しい！「できれば黒酢で食べてほしいのです」とおかみさん。素直に従います。

まずは味噌汁から。ワカメ、豆腐、三つ葉。誠実においしい味噌汁！ 落ち着くなあ。続けて水餃子に。7個あるね。黒酢をつけて食べると、皮に弾力がありもちもち。中の具はしっかり味が付いていて、黒酢の深みのある酸味が調和している。

「ともかく皮がおいしいですね！」とおかみさんに言うと、「よくこねて1日寝かせるんですよ」とうれしそう。しかし、これは単独で食べ続けたい餃子だな。続けてお新香。大根と野沢菜。大根はよく漬かっ

ていておいしく、おかず力もある。ご飯も実にいい。

とりあえず、お新香と味噌汁でご飯を食べ進み、間に餃子を食べよう。餃子は味がしっかりついているので、おかず力もあるんだけどと思いつつ、餃子を3個平らげながらご飯を食べ終える。さて残りは4個。これは単独で黒酢つけて食べよう。ああおいしい。今度は夜来てひたすら水餃子を食べることにしようと思ったのだった。（2017年1月29日）

＊追記　水餃子定食は980円に。確認のためお電話したところ、「今さん、喫茶店やっているんですか？」と。以前神奈川新聞で連載していた「私の好きな喫茶店」のことかと思い、「はいやってましたよ」とお応えすると「是非伺いたいです！」と。「？いや、私はお店はやっていませんが」「えー、お客さんが『今さん、喫茶店やっているよ』と言ってたんですよ」と。えええ。すごいなあ。本人も知らなかった（笑）。やろうかな（笑）

★瓦奉店（がぼうてん）
川崎市中原区新丸子町691－1、鈴八ビル1階
☎044（711）8948
東急東横線新丸子駅から徒歩3分。月曜と第3火曜休み。

267 甘めのレバニラおかず力爆発ご飯お代わり！

太田楼

昨年（2016年）夏に読者のシバタさんから「蒔田の太田楼に行きましたよ」とお便りをいただいた。あれから半年たってしまった。なかなか行くことができずにすみません。ということで、よく晴れた土曜日の13時過ぎに横浜市営地下鉄を蒔田駅で降りる。

〈太田楼〉は駅近く、以前紹介した洋食の「ロッシュ」も近いですね。おお、てもきれいな店構えだね。店の外に「本日のランチ」千円がある。エビチリ、チンジャオロースーのダブルおかずに、シューマイ、杏仁豆腐まで付いた豪華なランチ。これもいいかなと思いつつ入店。結構混んでいるな。それに女性客がなんだか多いな。

とりあえず空いていた入り口近くの隅っこの2人席に座る。前述のランチにしよ

理想的な「レバニラ」！

うかと思ったが、テーブル上のメニューの定食コーナーを見ていると、レバニラ定食があるじゃないの！　750円。これにしようと注文。出てきたお茶を飲みつつ待つ。

シバタさんは夏だったので冷やし中華を食べたんだっけと思い出していると、定食登場！　これは美しいレバニラ定食だ！

まずはスープからいただくことに。かき玉スープで、いいダシが出ている。上品な味わいだ。続けてレバニラに。大きなレバーとモヤシ、ニラ、ニンジンなどが入っている。まずはレバーから。…これはとても軟らかい！　衣と本体にやや甘めのタレがまぶされ、おかず力爆発！　野菜もシャキシャキで素晴らしい。受け止めるご飯も、

ほどよく軟らかく炊かれていていい感じ。さらに漬物がザーサイだが、刻んだネギがまぶしてあって小技が利いている。あああおいしい。

レバニラは食べている途中から元気がもりもりと湧いてくるのを実感できるよな。…しかしだ。これではご飯がまったく足りないな。レバニラが膨大に残ってしまうし、まだまだご飯と一緒にレバニラ食べたいし。よっしゃ！　お代わりだ！　かくして「すみません、小ライス（１５０円）下さい！」と店のお姉さんにお願いしたのだった。

（２０１７年2月12日）

＊追記　レバニラ定食は７８０円、平日のランチは８５０円に。あと、定休日が火水となりました。

★太田楼
横浜市南区共進町３－５５
☎045(731)2475
市営地下鉄蒔田駅から徒歩１分。火曜と水曜休み。

268

みんぐるまんぐる

ジャズ聴きつつ牛肉煮の卵とじおかず力爆発！

ポカポカと暖かい土曜日の昼過ぎ、イセザキの奥地をフラフラと歩いていた。おお、子育て地蔵尊の隣に「定食」の店があるぞ。夜はバーになるようだが、昼は家庭料理の店のようだ。これは魅力的だと思い、入店。ちょうど客が切れたようで、店内には誰もいなくてナイスな感じでジャズが流れている。いいね。

4人掛けのテーブル席に座らせてもらい、メニューを見る。どれも魅力的だが、おかみさんに「どれがおススメですか？」と尋ねると、「牛肉煮の卵とじがよく出ます」とのこと。680円。それをいただくことに。出てきた水を飲みつつしばし待つ。

テーブルも木だし、内装もウッディーでとても落ち着くなと思いつつジャズを聴いていると、定食登場。これはおいしそう。ひじきとサラダが付いているのもうれ

あんまり私が使わない表現ですが、「ほっこりする」味わいと店の雰囲気

しい。まずは味噌汁から。ネギとモヤシの具。ほんのり薄味でとても落ち着く味。続けて牛肉煮の卵とじ。すき焼き的なおかず。こういうのは時々食べたいよね。早速食べると甘さ控えめで、軟らかい牛肉と糸こんにゃく、タマネギでおかず力爆発！　受け止める軟らかめのご飯もステキ。家でご飯を食べているようなほっこり感がある。

　キュウリと大根の浅漬け、シイタケやニンジンの入ったひじきも手堅いおいしさ。…あ、ご飯がなくなった。「お代わりいくらですか？」と聞くと、おかみさんは「大盛り扱いで100円にしましょう」と。よしよしとお代わりをもらって第2部。今度は大事においてあった玉子を運用。このす

き焼き的なものに入っている玉子って大好きなんだよねと、ここでスプーンを活用。ご飯にのっけて玉子＋ご飯。牛肉のうま味のしみ込んだおつゆと合体して至高のおいしさ。ひょっとすると、肉よりもこのおつゆの方がおいしいよねと思いつつ、2杯目のご飯を食べ終え、最後に野菜サラダを食べ完食。ああ～良かった。食後におかみさんに聞いたら、夜はご主人によるロックバーとのこと（昼はおかみさんの店）。あと、土曜の昼はやっていて、日・月・木曜と祝日が定休だそうです。（2017年2月26日）

＊追記　定食は金曜日のみ1種類（エッグチャーシュー、豚汁、ご飯、漬物、サラダ、ドリンク＝750円）となった。秋からカレー中心のメニューとなり、ビーフカレーと薬膳カレー（ともに800円）がよく出るそうだ。一時期あったラーメンはなくなりました。居心地はかなり良いお店です。

★みんぐるまんぐる
横浜市中区伊勢佐木町7－155－13
☎045（875）6968
市営地下鉄阪東橋駅から徒歩5分。日、月、木、祝日休み、土曜日はランチ営業のみ。

269 うま味広がる実力派麻婆豆腐ハゲしく食べる

明健酒家

ここ最近、麻婆豆腐のマイブームが続いている。昔は中華定食を食べる際には、麻婆豆腐はまず選択しなかったのだが、麻婆の辛みの中に深みがあり、とても店の実力を反映することがわかったので、とてもよく食べるようになったのだ。…ということで、中山に麻婆豆腐の実力店があると聞いたので訪れることにする。

JR中山駅を南口で降りて、小道を歩いていくとありましたよ、〈明健酒家〉。いろいろランチがあるね。店は2階。階段を上って店に入る。店内にはゆるく中国音楽が流れている。12時前だったけれど、すでに店内に客は数人いる。人気だね。奥のテーブル席に座り、麻婆豆腐セット700円を注文。「辛さはどうしますか?」とおかみさんに聞かれたので、普通にしてもらう。そしてご飯を大盛りにできるそうなのでそうしてもらう。

これはナイスな麻婆豆腐でした。ちなみに私の麻婆豆腐ブームは続いてます

出てきた冷たいお茶を飲みつつしばし待つと、登場。これはおいしそうな麻婆豆腐だ。いやあ見ただけで実力があるのはわかるね。大根サラダも付いている。ではまずはスープから。これはかき玉コーンスープ。私はこれ好きなんだよね。飲むと薄味でじわじわとおいしさが体の中に広がっていく。いいわあ。

ではは麻婆豆腐に。レンゲですくって食べる。辛いがそれほどではなく、むしろうま味方面の広がりがあるな。豆腐とひき肉、そしてネギのシャリシャリのハーモニーが素晴らしく、これはご飯が進むなあとハゲしく食べる。

おかみさんが通りかかったので、「いや

あおいしいですね。ご飯バクバクいっちゃいますよ」と言うと、「ありがとうございます。昔はご飯はお代わりできたんですけど、店は２人でやっているので、大盛りのかたちにしたのです」とのこと。へえ。ちなみに、店は13年前にオープンしたそうだ。

　そう伺っていると、どんどん客が入ってくる。やはり地元でとても愛されている店なんだなと実感しつつ、大根サラダをシャリシャリと食べたのであった（これはステキな箸休め）。ちなみにランチは土曜もあるそうです。（２０１７年３月12日）

＊追記　値段の変更はないそうです。

★明健酒家
横浜市緑区寺山町85－１、金子ビル２階
☎045(934)8785
ＪＲ横浜線中山駅南口から徒歩１分。火曜午後と日曜休み。

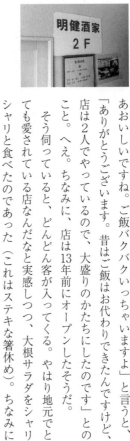

270 ジャーン！デカいカツ3枚こりゃおいしい

ソースカツ丼　たざわ

小田急を相武台前駅で降りる。初めての駅だ。地名は陸軍士官学校があったことに由来。相模原、座間近辺は、軍事史のにおいが濃厚ですね。さてこの駅に来たのは、ソースカツ丼の名店があると聞いたからだ。しかし駅前を探してもない。おかしいと思って地図を見ると、なんと隣駅の小田急相模原駅だった（笑）。こりゃ見つからないな。

反省も含めてひと駅歩こう。雪も降ってきてまるで進軍しているみたいだ（笑）。かくして小田急相模原駅到着。普通に歩くと、同駅南口から徒歩5分程度ですね。店は栄小路商店街の中にある。

店内に入ると12時30分だったので先客もいた。カウンターもあったが4人席に座らせてもらう。メニューはいろいろあるが、ソースカツ丼と越前おろし蕎麦のセッ

カツ丼はもちろん、ゴギゴギの噛み応えの蕎麦も美味しかった

トに。850円。これだ。

注文して出てきた水を飲みつつ待つ。寒かったので洗面所に行って帰ってくると到着済み。おお丼と味噌汁にふたが。丼のふたを取ると、ジャーン！という感じでデカいカツが3枚。カッコいい！　蕎麦は大根おろし、かつお節、ネギがたくさんのっている。では味噌汁から。大きなネギ、油揚げ、ワカメ入り。ああしみじみおいしい。

続けていよいよカツ丼。ソースカツ丼は、早稲田で開業したヨーロッパ軒が関東大震災で福井に移転して広めたもの。食べるとやや薄めのカツはサクリと揚がり、かみしめるとソースがジュワー。肉の確かさ、油、サクサク衣、ソース、ソースの酸味が混然となり、

ご飯とスゴくなじむ。「こりゃおいしい」と思わず叫んでしまう。量もたっぷりでうれしい。蕎麦も食べよう。これは太い麺。…コシどころではなく、ゴギゴギの力強いかみ応え。大根おろしなどの具とおつゆの爽やかさが調和して高い完成度。こんなにおいしくていいのかと思いタクアンもぼりぼり食べる。食後に蕎麦を揚げたものをサービスしてくれたご主人に話を伺うと福井のご出身。福井の伝統を継承している店なのだ。ちなみに、店内に貼られていた「ソースカツ丼　特９００円　職人様向け」も気になる(笑)。（２０１７年3月26日）

★ソースカツ丼　たざわ　座間市相模が丘

＊残念ながら連絡つかず。閉店した模様。

271 子の優しさでチキンカツは涙の味

老舗居酒屋ガクさん

日曜日。４人家族で相模大野のボーノに来た。駅前のショッピングセンター（SC）ですね。ゆるい雰囲気でいい感じのSC内。予定していた買い物も終わり、みんなでご飯を食べようということになり、店を探す。

「スパゲティがいい」「中華はイヤだ」とか子どもたちからいろいろ意見が出たが、結局行きついたのは〈ガクさん〉という居酒屋（笑）。日曜なのにランチやっていてエライし、選択肢がいろいろとあったからね。入店すると、結構混んでいる。休日だから昼飲みのおじさんたち、われわれ同様の子連れ、昼ご飯食べに来た初老のご夫婦など客は多彩ですね。ちょうど、真ん中のテーブルが空いたのでそこに座る。

さて何にするか、私はチキンカツ定食にしよう。税込み６００円。ご飯大盛りにしてくれるそうなので、そうしてもらう（お代わり可）。妻は煮魚定食にしようと

家族で食事に行っても、結局「定食系」が多いわが家（笑）

するが、本日の赤魚が切れて鯖味噌とのことなのでやめて、私と同じチキンカツにした。子どもたちは、焼き肉定食と豚キムチ定食を食べるそうだ。かくして注文。出てきた温かいお茶を飲んでいると続々と登場する。

子どもたちのもおいしそうだが、私と妻のチキンカツ定食もなかなかステキ。漬物に冷ややっこ、サラダも付いている。では味噌汁から。なめこ汁。キック力のある濃さでイイ。なめこのぬめりもおいしい。続けてチキンカツ。……あっ、子どもたちが一切れずつ持っていった（笑）。まあいいか。食べると、強めに揚げたクリスピー感がいい。油をまとった衣でくるまれた淡泊な鳥肉が、ソースの酸味と調和して、ステキなおかず力。やや軟らかめのご飯もおいしい。…ただ、子どもたちにチキンカツをふた切れ持っていかれたので、運営計画をしっかりしないと。…そう思っていると、子どもたちは二人とも、豚キムチと焼き肉を分けてくれた。ああ、なんとも優しい子どもたちだなと、父は少し涙ぐみつつご飯を食べたのであった。ちなみに、ランチは食後のコーヒー付きで、実にナイスです。（２０１７年４月23日）

＊追記　チキンカツ定食は税込６４０円、焼き肉定食は月２回ほどの割合で日替わりの「おすすめ定食」（８００円）として提供されることとなった。豚キムチ定食は８００円、ちなみにカルビ定食は１０３０円です。

★老舗居酒屋ガクさん
相模原市南区相模大野３－３－２－215、ボーノ相模大野サウスモール２階
☎042（743）4149
小田急線相模大野駅から徒歩３分。無休。

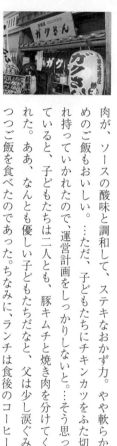

「横浜のおいしいランチ」に巡り合う店の選び方　column 1

神奈川県、なかでも横浜は豊穣なる定食文化、ランチ文化がある。路線別、地域別に語る方法もあるけれど、ここでは、「横浜ランチ」の特徴を、私なりのまとめかたで5つの視点で見ていこう。

視点①　横浜洋食文化の豊潤

横浜というとまずはこれ。実力店が多いが、流れとしてホテルニューグランドをはじめとするホテル修行系と、さらには名洋食店修行系などがある。前者の代表格は野毛の〈センターグリル〉。さらに、そこで修行した人が出したのが洋光台の〈センターグリル〉や日ノ出町の〈ミツワグリル〉。さらには伊勢佐木町にあった幻の名店〈イタリアンキッチン〉系が、福富町の〈イタリーノ〉とそのお弟子さんが出店した菊名の〈サンロード〉がそれ。ランチじゃないけど、両店のナポリタンは滅法おいしい。

さて、ヨコハマ洋食のランチのポイントは3つ。その1は昼専用のランチがある場合。洋食屋得意の盛り合わせ、たとえばハンバーグと白身魚の盛り合わせとかが多い。前述のサンロードやミツワグリルで食べられる。ハンバーグは洋食屋の実力がわかるデミグラスソースが使われていることが多いので、オススメ。軽やかにサクリと揚げったフライも注目すべきですね。昼専用なので価格も大体1000円以内です。

その2は一日中あるサービスメニュー。ランチが一日中食べられたり、ランチはないけれども終日食べられるサービスメニューがあるケース。センターグリルがそうだな。洋食屋に行くと、いろいろ食べたいという欲望に身悶えする。そのため、盛り合わせ定食が用意されていることが多い。店側としても看板商品であることが多く、力も入っているので大体うまい。ちなみにセンターグリルのスパランチ（770円）はワンプレートランチだが、これはチキンカツにソースをかけるとお皿の下の方から伏流水となって、いつの間にかご飯にしみていたり、スパと接しているご飯がスパのせいで赤くなったりと、お皿の上で各食べ物が相互影響し合うけれど、それがまたいいところでもあります。

その3はレギュラーメニューのランチ化。洋食店には「顔」的な名物があり、それがややリーズナブルになってランチ化することもある。これはもう注文すべきでしょう。山下町の「ホフブロウ」のスパピザなどがそれにあたります（昼だと1000円、夜だと1500円）。

視点②　横浜中華「街」と「外」

ヨコハマと言えば、中華街。中華街ビギナーの人に「店が多過ぎてどこに入ったらいいかわかんないよ！」とよく聞かれるけれど、私的にはニューウエーブより伝統店に入ってもらいたい。

もしリーズナブルに行きたければ、平日もしくは土曜日の昼のランチがオススメ。中華街のランチはものすごくレベルが高い。酢豚やラーメン、チャーハンの中華定番メニューを食べるのもいいけれど、中華街独自の炒め物系、煮込み系定食を食べてもらいたい。前者だと芝エビと玉子の炒め、後者だとこれはもう牛バラか豚バラの煮込みなどの定食がオススメ。それでデザートが付いて600円から1000円位で食べられる。ちょっと高いけれど、〈順海閣〉の復刻ランチ1296円は、若鶏の特製広東風醤油煮込み、八宝菜、蝦巻きとおかずが3つも付き、デザートも付いて、とても立派でオススメです。

また、中華街で修行をしたコックさんたちがヨコハマの各所で店を開くことも多い。中華街の存在もあってヨコハマの客は舌が肥えているせいもあってか、中華街以外の中華料理店のレベルも高い。これをして私は〝横浜中華外〟と呼ぶ。そう、相模鉄道沿線は中華料理のレベルが高いな。「梅蘭焼きそば」で有名な横浜中華街の〈梅蘭〉の創始者の娘さんがやっている二俣川の〈香蘭〉なんて最高です。また、中華外の店ではランチがある場合は素直にそれを食べるのをまずオススメする。ランチメニューは店側が自信を持っているメニュー、売れ筋を出す場合が多いので、まずおいしい。複数種類があるとすれば価格的に下から2~3番目あたりがいい。一番安いのは、安さのために開発したものの場合が多いけど、下から二番目は実は値段と内容が最も拮抗したものが多いと私は長年の経験で知った。メニューとしては麻婆豆腐、ニラレバをその店の実力を見極める上でよく食べる。中華街、特に四川系のご主人の店はマーボを食べたほうがいいな。奥深い辛さを味わえる。ニラレバは、素材の新鮮さと炒めの技術がわかるし、何より元気になるね。蒔田の〈太田楼〉のレバニラ定食750円はうまかった。

視点③　伊勢佐木長者町〜阪東橋と寿司屋

横浜市営地下鉄の伊勢佐木長者町〜阪東橋の辺りはもともとあった運河を埋め立てて造られた。港との海産物の物流が便利だったこともあってか、結果としてこの辺りは寿司屋が多い。寿司屋のランチは、これはもう「こんなにおいしいから夜も来てね」という店側の想いがあり、ナイスなちらし寿司やにぎりを食べられます。大体1000円位で素晴らしいものが食べられる。マグロなど海鮮系に目と舌を奪われがちだが、寿司屋の真価はコハダの酢〆、かんぴょう、玉子焼、アナゴの煮付けなど、店でこしらえたものです。時間と手間がかかるものが多く、ぜひともそのあたりはじっくり味わってほしい。なので、私は店でこしらえたものがたくさん入っているちらし寿司が好きなのです。浦舟町の〈川徳〉の「海鮮ちらし900円」なんて最高ですね。ちなみに、同店は横浜橋通商店街入り口にあったが2013年の11月に移転したのだ。

視点④　「南区」と喫茶店定食

神奈川新聞で「私の好きな喫茶店」をしばらく連載していたが、横浜全体の南区の喫茶店の熱愛ぶりはなかなかスゴい。朝はモーニングサービスを食べつつ新聞を読み、昼はランチを食べ、夜は知人とコーヒーを飲み、パフェなどデザートを楽しみにくる。喫茶店が生活の中に組み込まれているのだ。前述したとおり、喫茶店のなかにはランチをサーブしてくれる店も少なくない。ただ、値段はちょっと高めで1000円前後も少なくない。さて、ここで大事なのは、喫茶店のランチはコーヒーのおまけと考えるべきだと言うことだ。大体コーヒーが400～500円なので、そうするとランチ自体は500～600円なので納得できます。そう考えればまったく高くありません。たとえば南太田の〈ぱぁら～泉〉（ポラタで有名。定食座談会①に登場）もステキなランチがあり、食後のコーヒーがとてもおいしいです（ここがポイント）。

視点⑤　「白楽」と「日吉」の学生定食

最後はこれ。学生街は、食欲旺盛で元気はあるが金はない学生諸君に優しい店が多く、ステキなランチに巡り会える場合が多い。学生街と言えば東京のイメージがあるが、実は横浜にも二大学生街がある。それは、東急東横線の白楽＝神奈川大学と日吉＝慶應義塾大学ですね。さらに両方の街ともに成熟した住宅も擁しているので、ヤング対象ばかりではなく幅広い年齢層に対応する店も多く、ランチの懐はとても深い。白楽は洋食の〈キッチン友〉や名店も多いが、変化球では横浜カレーの至宝〈サリサリカリー〉（カリー、サラダ、チャイのスリーコースセット1000円）、日吉なら〈珈琲屋いこい〉（たとえばハンバーグ760円、オニオンスープ付き860円）などか。

　そう言えば、2021年に神奈川大学はみなとみらいに新キャンパスを開設することになるが、あの華やかな街が、学生街も兼ねるのはちょっと難しそうだね。

蝦巻き

ハンバーグ

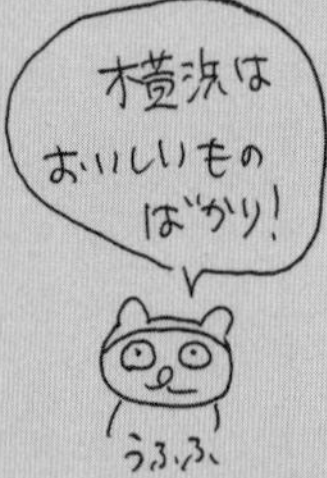
横浜は
おいしいもの
ばかり！
うふふ

季刊誌横濱60号「横浜のおいしいランチ」（2018年4月4日発行、神奈川新聞社）掲載

※値段等は掲載時のものです

272 辛めのタレでご飯もススム注文の〝相談〟も

中華料理　三十一番

日本ナポリタン学会の田中健介会長から瀬谷の〈三十一番〉に行ってとお願いされた。かくして平日の昼間に訪れる。元沿線住民なので相鉄に乗るだけで心が落ち着く。瀬谷駅を南口で出て少しだけ歩くと、ありました三十一番。ステキなお店。13時のせいかドサドサ客が出てきた。

店に入りご主人にあいさつすると、困った顔で「ご飯がなくなりました」と。ガーン！　しかし急いで炊くので30分待ってと。時間もあるのでまあいいか。とりあえず店を後にして周囲を散策して戻ると、ご主人ニコリ。「炊けました」と。よかった。では何にするか。定食では豚肉とキャベツの味噌炒めがよく出ると。回鍋肉（ホイコーロー）でないのはゆで肉でなく生肉を使うからだそうだ。これだ。８５０円。注文して入り口近くのテーブル席に座りしばし待つ。ご主人がお茶を出してくれた。

ラー油のかかったメンマもステキだった。ビール飲んでもいいね！

メニューを見るとラーメン400円、餃子定食500円と安い。ご主人は2代目。この店は52年の歴史があるが、ご主人の代でギョーザとラーメンだけは値段を上げていないそうだ。

へえ、と感心していると定食登場。いいねえ。お新香の代わりがラー油のかかったメンマでうれしい。ではスープ。ネギ入りの直球の醤油スープ。うまい。続けてメイン。豚肉、キャベツ、ネギ、ニンジン、ニラと具は盛りだくさんで上にごまがかかっているな。キャベツと肉を一緒に食べよう。おお、春キャベツと豚肉ともに軟らかく、やや辛めのタレがいい。すかさずご飯。…待っただけのことはある軟らかいツヤツヤご飯。うまい。

猛然と食べ始めあっという間になくなったので、ご主人に半ライスお代わり（100円）。そのとき店にお姉さん客が入ってきて、ギョーザ、野菜炒め、チャーハンを食べたいが、どう我慢してどう組み合わせるかで悩み始める。お姉さん、ご主人に相談し、自然に私もその悩みに参戦する形に。…なんとものんびりした瀬谷の昼下がりなのだった。（2017年5月21日）

＊追記　値段は変わらないそうです。がんばっているのです！

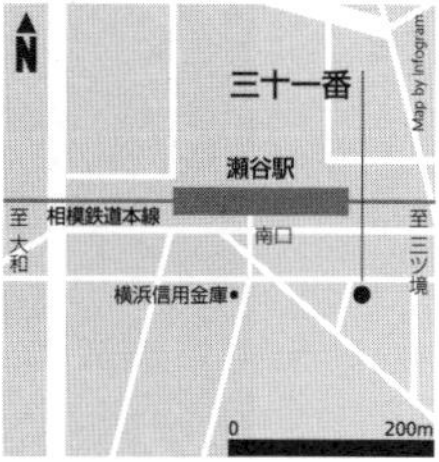

★中華料理　三十一番
横浜市瀬谷区瀬谷4－7－5
☎045（301）2304
相鉄線瀬谷駅から徒歩2分。日曜定休。

273 味わい深いタルタルと共に天上のおいしさ 横浜食堂

この前ソースカツ丼の「たざわ」訪問時、間違えて座間駅で降りてしまい小田急相模原駅まで歩いた。その際、〈横浜食堂〉という店を発見。見た瞬間ビビビと来ましたね。改めて来ようと思いつつ通り過ぎたが、ある晴れた休日の昼に再訪。小田急相模原駅から府中街道（行幸道路）を歩き到着。12時前だが店内はほぼ満員。すごいなと思いつつ、かろうじて空いていたカウンター席に座る。

いろいろ迷ったが、ワンコインランチはAは鶏、Bは魚で今日はキスフライ（週替わり）。Bだな。おなかが空いているので大盛りにしよう。税込み５４０円で大盛りサービス。豚テキ定食も気になると思いつつ、冷たいお茶を飲み、テレビのニュースを見ていると、定食登場！　ステキ！　納豆と薬味のネギ付き。キス以外のフライもあるよ。では味噌汁から。ネギ、ワカメ、油揚げ、大根入り！　大根の

そうそう、味噌汁もとてもおいしかった

甘味が全体に行きわたり、やさしく味わい深い。イイぞと思いつつメインに。玉子ザクザクのタルタルソースが激しくおいしそうだ。おかず力を増強するべくソースもかける。フライはキス以外にインゲン2、カボチャ、そして謎フライ。まずインゲンから。サクサク揚がった衣とソース力もありいいおかず。続けてキスフライ。タルタルをのっけてソースと共に。…キスの淡泊な身、サクサクの軽やかな衣、フライの油のコクに、ソースと味わい深いタルタルが参加するのだから、これは天上のおいしさ！

受け止めるご飯もいい炊き具合。さて納豆食べよう。ラップを取り箸でグルグルグル。タレ、からし、薬味入れてさらにグルグル

グルグル。準備ＯＫ。しかしおかずが多いので、半分くらい納豆を食べてしまいメインに戻る。カボチャ（ほくほく甘い）、もう1本のインゲンを食べ、謎フライを。あっタマネギフライ。タマネギの甘さがうれしい。イイね！と感動しつつ、納豆でご飯を食べる。一番最後は残ったタルタルとソースを混ぜてキャベツを食べたのであった。…ああ、大満足ですよ。（２０１７年6月18日）

＊追記　10月以降、ワンコインランチは税込５５０円に。

★横浜食堂
座間市相模が丘1－37－18
☎046(255)1301
小田急相模原駅から徒歩約10分、座間郵便局の隣。月曜定休。木曜はランチ営業のみ。

274

第一洋食店（番外・北海道編）

横浜に縁あり北の名店で食すポークカツレツ

はるばる苫小牧にやってきた。ここには北の名店、〈第一洋食店〉があるのだ。横浜のグランドホテルで修業した初代が、この地で1919（大正8）年に開業した店で、横浜出身の版画家の川上澄生もよく食べに来ていたりと、何かと横浜に縁の深い店なのだった。

ということで、雨の中、苫小牧駅から歩いて到着。とりあえずおかみさんにごあいさつ。ビーフシチューやコロッケも実に素晴らしいのだが、「今日はポッカツを食べて！」とおかみさん。ポークカツレツのことですね。千円。これにライス200円を付けよう（いずれも本体）。かくして、出てきた水を飲みつつしばし待つ。

土曜の昼で店内はにぎわっている。おお、奥のテーブルで10人くらいのファミリーが食事会をやっているな。おじいさん、おばあさん、子ども、若い夫婦みんなでな

実はボリュームもスゴイ！　そして何よりおいしい！

ごやかに洋食を食べていて、なんともステキだなと思っていると、私のポッカツ…もとい、ポークカツレツが登場。これは素晴らしく洋食的なカツだ！　ブロッコリー、ニンジン、クレソン、揚げたイモと付け合わせもナイス。ではカツにナイフを入れよう。分厚いカツ。…これがなんとも肉のかみごたえがスゴイ。軟らか過ぎず、硬過ぎず、肉の頼もしさと、かみしめるとほとばしるうまみが堪能できる。すかさずご飯を食べると、これも良い炊き加減。うむ、北の地で食べる最高の洋食だよ。

添えられたソースも肉を引き立てるじわっとしたおいしさ。カツの衣もやや控えめで、これまた肉の引き立て役。そして、

店の誠実さを示すのが付け合わせ。やさしく甘いニンジンのグラッセ、表面がカリッと、中がほっこりの揚げたイモ、どれも素晴らしい。…ああシアワセだと、夢中で食べ進めたのであった。

ちなみに、現在の3代目のご主人は東北大学のご出身で、なんと小田和正さん（聖光学院出身）と同級で合唱団の仲間！　ここでもヨコハマと縁があるのですね。（2017年7月16日）

＊追記　値段は変化なし。ちなみに今年（2019年）同店は創立100周年！　苫小牧美術博物館で特別展「第一洋食店の100年と苫小牧」が7月13日から9月16日まで開かれたそうだ。スゴい！

★第一洋食店
北海道苫小牧市錦町１－６－21
☎0144(34)7337
ＪＲ苫小牧駅から徒歩10分。不定休。

275 懐かしの街でビューティフルコロッケカレー

スターバード

ＪＲ保土ケ谷駅で降りる。用事を済ませて保寿堂で「ロールかすていら」半分サイズ７５０円を買う。やさしい甘さがたまらんのですよ。購入後、天王町まで歩く。大学時代の後半からしばらく住んでいた街で懐かしい。住んでいた駅近くの学生マンションを見に行ったら、建て替わっていた！　１９９０年前後のことだから建物も変わるか。しかし、当時新築だったんだけどなとか思いつつ駅近くまで戻ってくるとカレー店発見。おいしそう。昼だから食べていこう。

入店して真ん中の２人席に座る。混んでるな。土曜はフリードリンク付きのメニューとのこと。コロッケカレー千円。これだ。ライス大盛りはサービスとのことなのでそうしてもらう。カレーが定食かは議論が分かれるが、カレールー＝おかず＆汁＋ご飯なので、「定食」です（笑）。

サクサクホクホクのコロッケとカレーはナイスな組み合わせ！

そんなことを考えながらアイスティーなど飲んでいると、コロッケカレー登場！ビューティフル！　コロッケは2個だ。まずテーブルの上の容器から、らっきょうと福神漬けを。らっきょうは好きなので多めにもらう。では食べよう。ルーは適度な粘度で、やや酸味のある直球のおいしさ。イイ！　ご飯もおいしい。続けてコロッケ。アチチ。揚げたてサクサク。おいしいコロッケだ。ジャガイモのホクホクと衣のサクサクがカレーによく合い、私的にはカツカレーと匹敵するくらいコロッケカレーは好きだ。猛然と食べる。サラダ付きなのもうれしいね。満足しつつ完食。

食後に温かいコーヒーを作ってもらう

（これは店の人にお願いする）。カレー後のコーヒーって、カレーのおいしい余韻にステキなふたをかぶせるようでいいよね。ちなみに、この店は隣の居酒屋「いっすんぼうし」の若主人が経営しているとのこと！　天王町の昔話を少しする。「私が住んでいたとき、帷子川が決壊して…」と言うと、「父から聞いたことがあります」と！　…時間はたっているのね（笑）。（2017年8月13日）

★スターバード　横浜市保土ケ谷区神戸町

＊追記　残念ながら閉店。「またいつか再開したい」と「いっすんぼうし」の若主人に伺いました。

いい店だったのに
残念…
フリードリンク
もよかった‥

276

皮もちもちツルツルとああ満足

氷花餃子　本店

日曜日、小田原にやってきた。用事が終わったら昼過ぎ。せっかくだから何か食べていこう。なんだか餃子が食べたいな。小田原で餃子となると、氷花だろうな。ということで栄通りの2階にある〈氷花〉に行く。今日は日曜なのでランチはないね。とりあえず4人席に座る。店内はかなりの満員でやはり人気店だ、ここは。

まず水餃子480円は決定（正しくは中国東北水餃子という名称）。それと今日は卵チャーハンにしよう。こちらは580円（いずれも本体）。大きなコップに入った水を持ってきてくれた店の人に注文し、その水を飲みつつしばし待つ。

店内には高らかに昭和歌謡が流れていて、イイ雰囲気。ゆったりとした時間だよ。日曜のせいか家族で食事しているテーブルも多い。そんな様子をぼんやりと見ていると、卵チャーハンとスープ登場。これは米がツヤツヤしていて、今すぐにでも食

もう少し贅沢を言えば、これでザーサイがあるとパーフェクトだった気がする

べたい！　しかし、全部そろって食べたいので水餃子が来るまでしばし我慢。…おお、水餃子来たぞ！　5個あるな。ほかほかでおいしそう。

とりあえず水餃子を食べるために、小皿に酢、醤油、辛味を入れて準備完了。ではスープから。コーン玉子スープでやさしい味わい。気持ちが落ち着いたところで、水餃子。食べると皮は厚くてもちもち！　中の具のニラと肉もおいしいけれど、餃子は皮だからね。小麦粉の素朴な味がして食べごたえがあり、ツルツル食べられるのが水餃子のいいところ。…と、このまま続けて食べたくなるが、チャーハンも食べよう。食べると見た目どおりのパラリ系チャーハン。玉子とネギのシンプルな具だけれど、炒め方が上手なのでこれまたスルスルサラサラ食べられる。スプーンがなかなか止まらないが、時折水餃子を食べつつチャーハンも食べる。かくして餃子が残り1個となったとき、チャーハン終了。最後の1個はゆっくりと味わっていただく。ああ満足。（2017年9月10日）

＊追記　看板の水餃子は値段変わらず。卵チャーハンは680円に。

★氷花餃子　本店
小田原市栄町2－8－10
☎0465(23)1506
小田原駅から徒歩3分。年中無休。

277 プリプリ食感素晴らしすぎる車海老の天丼

守茂

以前、本紙（2016年12月「ナポリタン」座談会　182ページ参照）で、ぱあら-泉のご主人が絶賛していたのが〈守茂〉の天丼。横浜の名店・岩井のごま油で揚げているそうだ。その話を伺って時間がたってしまったが、今回ついにチャレンジ。気持ちよく晴れた土曜日、横浜橋のバス停の前にある店に入る。

店内にはAMラジオがゆるやかに流れていて、いい感じ。天丼はいくつか種類がある。車海老と野菜天丼1200円、車海老の天丼1400円、上1950円、特上2400円。最もリーズナブルな「野菜」にしたくなるが、ぱあら-泉のご主人は1400円を食しておられるそうだし、1400円にも野菜は入っているそうなので、それに。出てきたお茶を飲みつつぼんやりと待つ。

この店は1936（昭和11）年創業の歴史ある店だそうだ。かくして天丼登場。

甘・やや辛いタレがズドンとくるおいしさ！

立派！
　エビが2匹に野菜ものっている（野菜の量・種類は変動します）。タレが黒い江戸前スタイル。まず、おわんのふたをとる。お吸い物だ。お麩、三つ葉、シイタケ入り。静かに飲むといいおだし。やや薄いか。では天丼。野菜はレンコン、しめじ、ナス、ししとう。今日は野菜が多いらしい。ししとうから。食べた瞬間、ごま油の香ばしさと甘・やや辛いタレがズドンとくる。お米ひと粒ひと粒がごま油とタレをしっかと受け止めている。しみいるうまさ。野菜を食べ進み、箸休めに漬物に行こう。ナス、キャベツ、つぼ漬け、ニンジン、キュウリ、大根と実に豪華。自家製でおいしい。特にキャ

ベツは刻んだショウガが入り、ピリリと小気味いい。

さて再び天丼、エビに行こう。…プリプリプリプリという感じの素晴らし過ぎるエビ。身がぎゅっと締まり、まさに車エビ！　こんなにおいしい車エビが２匹で１４００円とはむしろ安いと感動しつつ食べ進め、途中お吸い物に戻る。あらびっくり。薄かったお吸い物、天丼を食べつつ飲むとちょうどいい濃さ。計算されていたのだと深く感動したのであった。（２０１７年10月８日）

＊追記　10月以降、車海老の天丼は１５００円、車海老と野菜天丼は１３００円、上２１００円、特上２６００円に。かなりいい湯加減のお店です。

★守茂
横浜市中区曙町３－43
☎045(251)0800
横浜市営地下鉄阪東橋駅から徒歩３分。木曜定休。

278

「ごはん屋」の看板に偽りなしスバらしい定食

さいがく

よく晴れた秋の昼下がり。いつものように横浜駅西口を出てテクテクと反町まで歩く。この道やはり好きだな。途中松本町にあるのが〈さいがく〉。看板に「ごはん屋さん」ともあり、とても気になっていた。ということで、13時半に店に入る。それほど大きな店ではないのだね。窓際に座る。店内は先客が何人かいるな。日替わりは3種類。カラアゲ定食（おろしぽん酢）８００円、スタミナ焼定食７５０円、ナス肉ミソ炒め定食７５０円。どれにしようか迷ったが、秋なので、ナス肉ミソにしよう。ナス＋ミソ＋肉だからね。

これは間違いないと思いつつ、出てきた水を飲みつつ待つ。ここは肉系メニューが特に良さそうだ。ステーキ１５００円（ライス、スープ、サラダ付き）もおいしそうだなと思っていると、スープ、ご飯、漬物も、そしてメインがやってきた。や

外から差し込む秋の日差しがこれまたいい感じ

はりとてもおいしそう。
まずはスープから。ワカメ、ネギのスープ。いいダシが出ていておいしい。もうこのスープの出来で、メインの「予感」がしますね。メインは、ナス、タマネギ、肉、ピーマン、ニンジンと、彩りも鮮やか。食べると、ナスはトロトロ、タマネギはシャキシャキ、肉はしっかりのスバらしい味。イイ！　受け止めるご飯の炊き加減も素晴らしく、さすが「ごはん屋」を名乗っているだけのことはある。
いやあ、幸せな昼ご飯だ。店内のテレビでついている昼のニュースをぼんやり見つつ食べるという、この状況もいいですね。大根とニンジンの漬物もステキ。ご飯がお

いしいのでお代わりしたくなったが、おかずがたっぷりあるので、ご飯のお代わりはちょっと我慢。…やはり、ご飯を食べ終えてもおかずが結構残った。

このナス肉ミソ炒め、酒のツマミとして運用してもいいだろうなと考える。しかし私は酒も弱いし、何しろこの後も用事がどっさりあるので、それは無理だなと思いつつ、大根の漬物をポリポリと食べたのであった。（2017年11月5日）

＊追記　カラアゲ定食（おろしぽん酢）900円、スタミナ焼定食850円、ナス肉ミソ炒め定食850円、ステーキは1600円に。今度元気をつけるためにステーキ食べに行こう。

★さいがく
横浜市神奈川区松本町２－13－３
☎045(323)5795
東急東横線反町駅から徒歩１分。火曜定休。

279 何を食べても高レベル絶品ちらしずし 寿司秀

京急を井土ケ谷駅で降りて、蒔田方面に歩いていく。この通りには良い店が多い。その中で以前から気になっていたのが寿司秀。ここは1895（明治28）年創業の老舗だ。ちょうど昼時でランチをやっていたので食べていこう。茶わん蒸し付きのちらしセットだな。1026円。店に入って、カウンター席に座り注文。出てきた大きな湯飲みに入ったお茶を飲み、冷たいおしぼりでくつろいでいると、ほどよいタイミングでちらしずし登場。おお美しい。

まずは醤油を小皿に入れ、おわんと茶わん蒸しのふたをとり、おわんから。しじみの味噌汁だ！　い〜い味。ではいよいよちらし。かまぼこ、さくらでんぶ、玉子焼き、しいたけ、ホタテ、タコ、アジの酢じめ、カンパチ、マグロ、刻んだキュウリ、しょうがと盛りだくさん。どれから食べるか迷うが、アジからだな。…まさに

私、ちらし寿司好き。握り寿司より、ご飯が一つにまとまっているので、定食的な感じだからか

いい「塩梅」。ちょうどよい酸っぱさだよ。続けてしいたけ。じわっとくる甘さだ。「おいしいですね」とご主人に言うと、「自家製ですから」と。ならば、このでんぶも…。食べるとやはりとてもおだやかな甘さ。「…すごいうまい」と思わずつぶやくと、「でんぶはこしらえるのが大変でね…」と苦笑するご主人。なんとも誠実な店だよ。

　こういう店でこしらえる料理に寿司屋の神髄はあると私は思う。一方で、マグロの新鮮さ（長崎産だそうだ）、カンパチのコリコリ、タコの歯ごたえなどもステキ。もちろんネタを受け止める酢飯のほどよい硬さ、酢の加減も抜群。それでは玉子焼きを。これも甘すぎない甘さでいい。何を食べて

も高レベルだと感心しつつ食べ終え、茶わん蒸しをデザート的にいただく。軟らかくトロトロの茶わん蒸し。しいたけ、三つ葉、鶏肉、そして宝物のように銀杏が入っていた。満足。今度はぜひにぎり寿司を食べに来ようと、心の中で誓い、お茶を飲んだのであった。（２０１７年12月3日）

＊追記　「（掲載後）とても好評でした」と。うれしいなあ。10月以降、茶わん蒸し付きのちらしセットは１０４５円に。

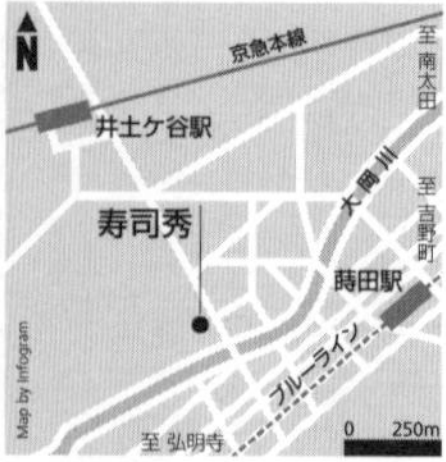

★寿司秀
横浜市南区井土ケ谷中町５
☎045（741）4010
京急線井土ケ谷駅から徒歩８分。市営地下鉄蒔田駅から徒歩10分。火曜定休。

280 学生時代の記憶呼び覚ます鶏のうま味

順海閣本館

平日13時、久々の中華街。結構店が替わったなと思いつつ香港路に。今日は順海閣本館で、復刻版の限定ランチ（1200円・税別）を食べるのだ。大学生だった1980年代後半、実は夜に時折食べていた。当時は今以上に夜営業の店は少なく、そのなかで順海閣は貴重だった（現在も22時30分まで。LO21時30分）。さらに夜でもおかず二つ付きの800円定食（当時）が素晴らしく、その感動は私の胸に深く刻まれていた。ということで来たのです。

入店すると相変わらず落ち着いたシックな店内。支配人にごあいさつして注文。出てきた熱いお茶を飲みつつしばし待つ。人生の諸先輩の客が多い。さすがは老舗と思っていたら、料理が続々登場。食後の杏仁豆腐も持ってきてもらう。ものすごいごちそうだ。若鶏の特製広東風醤油煮込み、八宝菜、蝦《えび》巻き。昔は蝦巻きはなかっ

気絶しそうなごちそう中華。巻末対談も読んでね

たよ。

　ではスープから。コーンと玉子のスープ。安心・安定のおいしさ。続けて八宝菜。エビ、イカ、インゲン、ニンジン、タケノコ、フクロダケ、肉、そしてレバーも！　ややとろみもあり、野菜はシャキシャキ、エビイカはプリプリ、肉等は頼もしく、そして力強いおかず力。おいしい。ご飯も進む。ザーサイもあるし。そして若鶏。確か骨があるから気をつけて食べないと。コクのある醤油味。…これだ！　完全に記憶がよみがえった。この鶏食べておいしさに驚いたのだよ。支配人に伺うとタレはずっと変えていないそうだ。なますとニンジンの飾りもステキ。

蝦巻きも食べよう。エビ、肉、タケノコなどを巻いて揚げたもので、シャキシャキのタケノコ、エネルギッシュな肉とエビを揚げたクリスピー感で感動の味わい。八角も効いている。実は巻揚は中華街の伝統的な名物なのでみんなもっと食べた方がいいです。あ、ご飯がなくなった。でも大丈夫。ここは中華街、ちゃんとお代わりができる。「すみません、ご飯お代わりを！」と私は定番発言をしました（笑）。（2018年1月14日）

＊追記　税込1320円に。ちなみに、2018年に「スイーツ放浪記」を中公ラクレから出版したが、中央公論の方々が順海閣で打ち上げをしてくれた。夜のコースも実によかった。巻末の対談（211ページ参照）もお楽しみに！

★順海閣本館
横浜市中区山下町147
☎045(681)1324
みなとみらい線元町・中華街駅から徒歩5分、ＪＲ根岸線石川町駅から徒歩8分。無休。

281 ハイレベルな日替わり天ぷら充実の太蔵定食

日本そば　太蔵

上大岡から鎌倉街道を7分ほど北上。懐かしい。大学生の頃、上永谷でのアルバイト終了後の夜中に仲間の自動車に乗り、この道をひたすら走っていた。〈日本そばの太蔵〉という店があった。定食も充実しているので入ろう。

本日のサービス品はAが上天丼で定食1050円、そば付きは1180円など。入り口近くのテーブル席に座り、再びメニューを見ると店名の付いた太蔵定食1050円がよさそうなのでこれに。お茶とおしぼりを持ってきた店の人に聞くと付属のそばは冷温選ぶので冷たいので。注文後、店内のテレビを見つつ待っていると、人生の先輩らしきご婦人方が隣でお話し。「この前の大震災で～」と話していたので東日本大震災かと思ったら、関東大震災だ。それにしてもみなさんお元気で素晴らしいと感心していると定食登場。立派！　どう食べるか。まずとろろはご飯で運

この後にそば湯とアイスコーヒーがやってきた！

用。醤油をかけ、ご飯にかけ食べる。スルスル。なだらかなめらか。

最近風邪で体が弱っていたので特においしい。途中たくあんも食べ、天ぷらに着手。海老2匹、春菊、ナス、カボチャ（天ぷらは日替わり）。春菊から麺つゆにつけて食べる。サクサクに揚がり葉の先はパリパリ。ナスも中はトロトロ、カボチャはほくほくで外サクサク。いい。再びとろろご飯に戻り食べ終える。大根おろしは麺つゆに入れてもよかったが、この後そばの運用もあるので単独でスルスル。体にいい。では、そば。麺つゆにネギとワサビを入れツルツル。細麺でコシがある。いい麺。辛めのおつゆとよく合う。では海老天。食べて驚き、サ

クサク衣とプリプリ身のハイレベル海老天が2匹も。1050円は安いと思いつつ完食。

食後にはそば湯とサービスのアイスコーヒー。そう、そば特に冷たいそばは、定食と違い温かいつゆは後なのだ。そば湯を麺つゆに注ぎ、いただくと落ち着く。そば後のそば湯って満足感が高い。感動しつつ飲み干し最後にアイスコーヒーでしめた。（2018年2月11日）

＊追記　値段は基本的に変わらないそうですが、サービス定食のそば付きのみ1200円に。

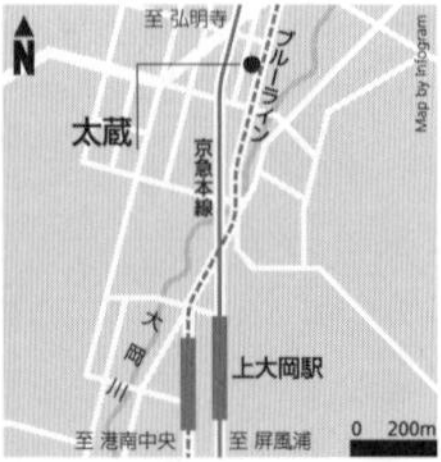

★日本そば　太蔵
横浜市港南区最戸1－4－5、第2スカイハイム1階
☎045(713)6733
上大岡駅から徒歩7分。月曜定休。

282 素晴らしきカキで幸せチャージ レストラン松山

以前からとても訪れたかったのが上野町の〈レストラン松山〉。なかなかチャンスがなかったが、たまたま外国人墓地の辺りで用事があったので、そこから横浜雙葉学園の横の坂道をぐんぐん下りていくとそこは上野町。こういうアクセス方法があるんだね。

かくして通りから少し入ったところにある店に到着。ステキな店構え。中に入ると土曜の昼過ぎなのでまあまあ混んでいたが、奥のテーブル席が空いていたので座ってメニューを見て考える。あ、カキフライ650円！　これにしようかと思ったが、さらにカキベーコンバター焼き700円が！　カキ好きにはたまりません。これだこれだと即決定。これだと単品なのでライス大（味噌汁付き）350円を付けておかみさんに注文。計1050円。

カキ！ベーコン！デミグラ！おいしさの三重奏！

　オムライス780円もおいしそうだがと思いつつ、店内のテレビで平昌冬季オリンピックをぼんやり見ていると、まずはライス、味噌汁、おしんこ、続けてメインが登場。これは素晴らしい！　では味噌汁から。ネギとワカメのシンプルな具だが、しみじみとおいしい。日なたぼっこみたいな味わい。

　続けてメイン。五つあるカキは一つずつベーコンが巻かれていて、レモンとともに煮込まれている。ではまず一つ。ベーコンのコク、レモンの酸味、デミグラスソース、そして海のミルクたっぷりのプリプリカキがたまりません。思わずご飯をバクバク食べてしまう。いい！　自家製のキュウリ、

大根、ニンジンのおしんこも実にうれしい。…どんどん食べ進み、カキは最後の一つを残してご飯終了。

　ではキャベツにデミグラスソースをよくまぶして食べよう。続けてスパ！　細麺でシコシコしていて実に素晴らしいスパ！　カレー粉も隠し味で入っているな。カキはもちろん素晴らしいが、このスパがかなりの魅力というか、魔力があるなと思いつつ食べ終え、ラストカキを大事に食べる。ああ、大満足。まさに、幸せチャージ満杯という感じです。（2018年3月11日）

＊追記　カキベーコンバター焼きは750円に。ほかは値段の変更はないそうです。今度はカキフライも食べたいなあ。

★レストラン松山
横浜市中区上野町２－61
☎045(621)2839
ＪＲ根岸線山手駅から徒歩10分。定休は毎週木曜と第３水曜。

283 追い求めて久しぶりのトルコライス

SHOP BAR ISEYA

本連載でずっと追っているのがトルコライス。実に久しぶりに情報が入ってきた。なんと、横浜・伊勢佐木町6丁目の〈ISEYA〉のランチにあるという。へえ。それならばと平日の13時に同店を訪れる。

確かに表の案内に「トルコライス」500円とあるよ(安い)。店内に入るとステージがあり、ゆるくカーペンターズの曲が流れていていい感じ。低めの椅子に腰かけて店の人に注文。入ってきたときは誰もいなかったが、出てきた水を飲み、おしぼりで顔を拭いていたら、客が続々と入ってきたよ。

隣に座ったお兄さんがランチにコーラを付けておいしそうに飲んでいる。それを見ていたら私も冷たいドリンクが無性に飲みたくなったので、アイスコーヒーを+100円で付けてもらった。こういうのは周りの人の影響を受けやすいよね(笑)。

アイスコーヒー付きで600円とは素晴らしすぎる値段

アイスコーヒーはすぐ到着し、それほど時間をおかずにトルコライスが調味料セットとともに登場。おお、こういう感じか。

味噌汁（ワカメとネギ）を飲んで心を落ち着かせ、では食べるぞ。お皿にチキンライス、その上にデミグラスソースがかかったカツ、そしてキャベツ、マカロニサラダ付き（別皿でつぼ漬けも）。ケチャップライス＋カツだから、横浜、川崎、蒲田などで見られる「京浜型」トルコライスだ。「長崎型」はカレー（ピラフ）＋トンカツ＋ナポリタンなどが多い。

まずはカツを。薄くカリカリに揚がったカツにデミグラスの味わいがマッチして実にいい。続けてチキンライス。チキンと玉

ISEYA

ネギがたっぷりと入り、しっとりとした味わい。カリカリのカツとよく合うとパクパク食べ進み、マカロニサラダ、キャベツも食べて完食。ああ満足。では、食後のアイスコーヒーを。こってりした洋食の後のアイスコーヒーは実にいいものだと実感しつつ飲んだのだった。ちなみにこの店、夕方からはオーナーが代わり、韓国料理の店になるそうです。面白いね。（2018年4月8日）

なかなか
スバらしい店でした。
トルコライスまた
食べたい！
店の場所も
ナイス！

★SHOP　BAR　ISEYA　横浜市中区伊勢佐木町

＊追記　連絡とれず。ランチの営業はやめた模様。

284 おかずがダブル

菊名の老舗は至れり尽くせり

おがさや

諸般の事情があり、毎日のように菊名駅でJR横浜線と東横線を乗り換えている私。ということで、菊名駅には愛情が深い。最近JR菊名駅の改札が新しくなり、明るい駅となった。

変化した菊名駅と比べると周辺はそれほど変化していない。駅かいわいは名店が多いが、今回は「隠し玉」たる〈おがさや〉を紹介。実は独身の頃にはよく通った店だが、まだ紹介していなかったのだ。

平日の14時30分に訪れる。ランチタイムが15時30分（LO15時）なのもいいね。さて今日の日替わりランチは「チンジャオロースとチキンカツ」で690円。ライスの大盛りも無料。入店して端っこの席に座り注文（あ、大盛りにしてもらうの忘れた）。出てきた水を飲みつつ待つ。

セルフのコーヒーサービスもうれしいところ

この店はランチだけでなく、セットメニューも充実している。餃子もいいんだよなと思っているとランチ登場。弁当箱に入っていて、お茶も付いている。まずは味噌汁。ワカメと豆腐のシンプルな具だが、濃さ、温度ともにバッチリのスバらしい味わい。うまい、そして懐かしい味わい。昔飲んでいた味だ。体が覚えているね。

続けてチンジャオロースから。肉、ピーマン、タケノコの細切り。ピーマン、タケノコはシャキシャキ、肉は頼もしく、程よい味付けでおかずとして最適。ご飯もツヤツヤかつふっくらで実にいい（漬物も食べる）。

そしてチキンカツ。からしも添えられて

いる。ソースをかけてガブリ。なんと揚げたて、サクサク、衣の軽やかさが絶妙。いやあ、おいしいおかずがダブルでうれしい。水菜とキャベツの生野菜もあり、チンジャオと合わせて野菜貯金もできてよかった。満足して完食。さらにランチタイムにはセルフでコーヒーサービスもあり、まさに至れり尽くせり。

ちなみに、同店は１９５４（昭和29）年創業で、菊名有数の老舗なのです。（２０１８年５月６日）

＊追記　（巻末の）座談会でも登場した「おがさや」（２０２ページ参照）。日替わりランチは７３０円となったが、弁当の形態ではなくなったそうだ。相変わらず、居心地のよいお店。

★おがさや
横浜市港北区篠原北１－１－２
☎045(401)9484
ＪＲ横浜線・東急東横線の菊名駅西口から徒歩１分。
月曜定休。

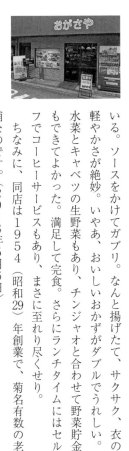

285 炊きたて十六穀ご飯のおにぎりセット
Fかまくらカフェ

しばらくぶりの大船。用事は15時半で今は14時20分。時間があるので昼食を食べていこう。にぎやかでパワフルな仲通商店会を歩いていると〈Fかまくらカフェ〉があった。前から気になっていたんだよね。ご飯ものもあるのでここにしよう。表でメニューを見ると、おにぎりセットがコーヒー付きで810円。これだと決めて入店。カフェなのでドリンクのおまけとしてのセットだと考えると安いのだ（単品だと690円）。

まずカウンターで注文。ドリンクはホットコーヒーに。会計後席に座る。店内は大船マダムが甘味と共に午後のお茶を楽しんでいたり、ヤングママが子どもとソフトクリームを食べたりと、ゆったりしたいい雰囲気。そんな様子を見ていると、おにぎりセットとコーヒー登場。おお、いいじゃないか。

和食のコーヒーセットもいいものだ

まずは味噌汁のおわんを取って静かに飲む。ワカメとお揚げの薄めの味噌汁。気持ちが落ち着く。続けておにぎり。2個ある。これは十六穀ご飯（大麦、黒米、黒豆、もちきび、たかきび、アマランサス、はと麦、黒ごま、発芽玄米、赤米、小豆、もちあわ、ひえ、キヌア、とうもろこし、白ごま）だそうだ。お手拭きで手を拭いて、手で食べる。…お。ご飯は炊きたての熱々。さらに振ったばかりの塩が口の中に「しょっぱさ」を伝える。海苔も巻きたてで、「しっとり」前の「パリッ」と状態。こんなにおいしいおにぎりは久しぶりだ。最高ですね。箸休めにキュウリの漬物をポリポリ食べ、続けてしいたけの煮物も。これもしっとり甘く

てステキ。玉子焼きは作り置きのようだが、これまたやや甘めの味付けがうれしい。全体的にバランスがよくしみじみおいしい。感動のうちに食べ終える。では食後のコーヒータイム。うれしいことに小さな黒ごま白玉も付いている。ではコーヒーを。すっきりおいしい。すかさず白玉を食べるととろり上品な甘さ。

　これはもう大満足で、何も言うことはないね。（２０１８年６月３日）

＊追記　10月以降、おにぎりセットがコーヒー付きで８２０円、単品だと７１０円に。

★Ｆかまくらカフェ
鎌倉市大船１－12－７
☎0467(38)6610
ＪＲ大船駅東口から徒歩５分。毎週水曜と第１・第３木曜定休。

286 店名は直球 唐揚げはクリスピー 六角箸

諸般の事情があり逗子開成中高の先生方とは親しい。そんな同校の卒業生が六角橋（白楽駅）でお店をはじめ、それがずいぶんといいらしい。店の名前は六角箸（笑）。直球の名前だなと思いつつ六角橋商店街仲見世にある〈六角箸〉を訪れる。

14時前だったのでまだランチをやっていた。よかった。何を食べようかと思ったが、お兄さんおススメの「A　ジューシー唐揚げランチ800円」に自然薯《じねんじょ》セットを＋150円で付ける。店内は細長いなと思いつつしばし待つと定食登場。これは実にカッコいい。

まずは味噌汁。…いいおだし。カブの葉がたっぷりと入っている。さて、おかずがたくさんなのでどう食べていくか。そんな様子を見て「ご飯はお代わりができますので」と。よかった〜心置きなくご飯を食べられる。ではまず玉子（鹿児島県知

味噌汁が丸鶏スープに変わってから、まだ訪れていない。行かなくちゃ！

覧町の菊ちゃん玉子）を使ってTKGを。少し醤油を垂らしてぐるぐる混ぜて食べる。…玉子が濃い。ほどよく炊けたご飯にねっとりと絡みつく。すごいわ。「これはおいしい」と思わず口に出してしまう。続けて唐揚げは巨大なものが三つ。これは「Dr．Fry」というスペシャルな装置で揚げているそうだ。食べるとサクリとクリスピー。かつ鶏肉のジューシーさがたまらない。このままでもいいけど、少し醤油をつけて食べよう。ああおいしい。ご飯ももりもり食べ1杯目終了。

「お代わりお持ちしましょうか？」とお兄さん。「はい、少し多めで」と2杯目をもらい第2ラウンド。キャベツの塩もみを

食べ、続けて自然薯（愛知県・香嵐渓産）に。これも醤油少し垂らしてご飯にトロリ。ゴーと食べる。…うわあ爽やかな味わいで、これも米泥棒だよ。「全部おいしいよ」とお兄さんに思わず言ってしまう。「ありがとうございます」と笑顔でほほ笑むナイスガイのお兄さんなのだった（逗子開成野球部出身）。（2018年7月1日）

＊追記　ジューシー唐揚げランチは800円だが、自然薯セットにすると合計1000円に。また味噌汁が丸鶏スープになりました。このあとお兄さんから「ランチ営業はしばらくお休み。再開の予定は〈六角箸〉で検索してください！」と。

★六角箸
横浜市神奈川区六角橋1－10－2
☎045(298)2296
東急東横線白楽駅から徒歩5分。月曜定休。

287 刻みワサビにとろける中おちスイッチオン

カフェ秋桜

愛読者のマッモトさんよりステキなお店が十日市場にあると編集部に情報が入った。それならということで、よく晴れた土曜日、JR横浜線を十日市場駅で降りる。ここはしばらく住んでいた駅なのでとても懐かしい。駅前からテクテクと歩いて到着。ここだな〈カフェ秋桜〉。店に入ると、喫茶店仕様。入って左側が大テーブル。手前に座りつつ、おかみさんにあいさつしていると（事前に電話しておいた）、テーブルの向こうに座っている男性が「今さん？」と。なんとマツモトさんだった（笑）。偶然って、スゴイなあ。さらにマツモトさんが食べているのがとてもおいしそうだった。「それは何ですか？」と聞くと「刺身定食。この店は大体500円だけれど、これだけ800円。でもうまいですよ」とマツモトさん。じゃあ私もそれに。うん、ステキな流れ。店内は結構混んでいて、マツモトさんの隣にも男性客が座

定食もおいしいけれど、アットホームな店の雰囲気もサイコー！
ね？、マツモトさん！

り、ナチュラルに会話を始める。すごく家庭的な店だな。私もみなさんと話しているとコーヒーが出てくる。これもお代わり自由。へえと思っていると定食登場。これは素晴らしい。マグロの中おちがたっぷり。刺し身の小皿に緑色のものがついていて「？」と思いおかみさんに聞くと、刻みワサビとのこと。へえと思いつつ、醤油を入れて準備完了。まずは汁から。お澄ましで、根菜（ニンジン、大根、ゴボウ）とシメジがたっぷり。いいダシが出ている。

続けて中おち。これはとろけるような中おちで、ご飯とともに食べるとスイッチオン！　うまいうまいとご飯をバクバク食べ、あっという間になくなる。ステキなこ

とにお代わり可なので、おかみさんのところでもう1杯いただく。サラダも食べよう。これもたっぷり。かくして2杯目のご飯を食べ終えかけたところで、「この店最高ですね」とマツモトさんに言うと、「そうでしょう」とほほ笑んだのであった（デザートはマンゴープリンとバナナでした）。（2018年7月29日）

＊追記　値段変わらず。「かなり反響があり、東京からもお客さんがきました！」とおかみさん。またマツモトさんにも会いたいなあ。

★カフェ秋桜（コスモス）
横浜市緑区十日市場町853－7
☎045（512）9223
ＪＲ横浜線十日市場駅から徒歩10分。水曜定休。

288

気分は油淋鶏甘酸っぱくてご飯がススム

地域食堂　みんなの郷

日本ステッピング協会の理事長の藤野さんから編集部にステキな食堂が戸塚にあると連絡が入った。ただ駅からバスで10分かかるとのこと。それもいいかと思って、土曜日に戸塚駅に降り立つ。よく晴れていてさほど暑くなかったので、歩いてみるか。スマホのナビを使って30分ほど歩く。さすがに疲れた（笑）。下郷のバス停から少し入ったところに〈地域食堂　みんなの郷〉があった。ステキな名前だ。

入店して責任者の方にあいさつ。今日のメニューは三つ。とんかつ、焼き魚、油淋鶏（ユーリンチ）。各３００円で、これにご飯セット２００円を付けて定食にする。油淋鶏だな。小鉢も１００円でいろいろとあるので、切り昆布と厚揚げの煮物が気になったのでこれも。さらに１００円なのでアイスコーヒーも。合計７００円。安いね。

ガス炊きご飯の素晴らしさ

ちなみにこの食堂は地域の方がたまり場になればいいと思ってつくられたそうだ。そんな話を伺っていると、定食登場。まずは味噌汁から。ワカメ、ネギ、豆腐のシンプルな味噌汁だが、じわ～りといいおだしが出ていて実にいい。「うまいですね」と言うと「みなさんそうおっしゃいます」と。続けて油淋鶏。鶏の唐揚げに甘酸っぱいタレがかかっているわけで、これはおかず力ありますよね。ご飯をバクバク食べる。ご飯もおいしい。ガス炊きだそうだ。いっぱい食べたくなったので「お代わりはいくらですか？」と伺うと、なんとサービス。素晴らしい！　それではとお代わりをいただく。小鉢の厚揚げと切り昆布も食べると気

持ちが落ち着く安定・安心のおいしさ。高菜とつぼ漬けの漬物もうれしい。

かくしてご飯を食べ終え、食後のアイスコーヒーに。店内のお客さんたちは、なんだかおだやかに会話をしていて、これはたまり場というか、地域のリビングルームだなと思いつつ、アイスコーヒーを飲んだのであった。（2018年8月26日）

＊追記　定食のメニューは変わらず、各330円に。ご飯セットは220円、小鉢110円、アイスコーヒーは110円になりました。ご飯がおいしかったなあ。

★地域食堂　みんなの郷(さと)
横浜市戸塚区戸塚町1545−2、戸塚の里1階A103号室。
☎045(514)8544
戸塚駅前バスセンターから「下郷」バス停下車、徒歩1分。日曜定休。

289

肉がおいしい土曜のランチはスムージー付き

サンタモニカ　サードストリート　ミートテラス

土曜日昼時。用事もあってみなとみらいへ。Gと会う。諸事情あり、今日はGがごちそうしてくれるそうだ。うれしいけれど悪いなあ。どこにしようか悩んだが、クイーンズスクエア横浜の入り口にある〈サンタモニカ　サードストリート　ミートテラス〉でステキなランチをやっていた。土曜なのにランチがあってエライ。Gに「どう?」と聞くと「いいね!」ということなので入店。店内は窓も大きくて明るくていい感じ。若いママチーム、熟年の夫婦など客層は多彩だ。

さて何にしようかと考えたが、チキンランチ1400円がおいしそうなので、それをごちそうになる。土曜のランチはスムージー付きなのでまずそれが出てくる。…ところが何を興奮したのかGがスムージーをこぼしてしまった。店長さんに「拭くものをもらえませんか?」とお願いすると、布巾と同時になんと代わりのスムー

ここオサレだが、ゆっくりできる、とてもイイお店！

ジーもGにくれる。なんといい店だ！　Gと共にお礼を言っていただく。ニンジンのスムージーでなめらかかつ粒々感も少し残る爽やかな味わい。シャーベット状で冷たくてさっぱりして、元気になった。続けてコンソメスープ。これはガラスのコップに入っていてオシャレ。コクのある味わい。そしてレタス、プチトマトのサラダが出てきてそれを食べていると、鉄板にのったチキンとライス登場（パンも選べる）。これは激しくおいしそうだ（Gはステーキ）。ナイフで切って食べると、皮のパリパリ感、肉の心地よい歯ごたえ、予想以上のおいしさ。つけて食べるソースも素晴らしい。「うまいよな！」とGと言い合う。付け合わせ

はカブとニンジンのグリル、さらにフライドポテトもたっぷり。このポテトがまたクリスピーで実にいい！「いやあ、こんなに素晴らしいごちそうをありがとう！」とGにお礼を言ったのだった。

食後に付くコーヒーも実にナイスでした。追記…スムージー、スープ、サラダ、コーヒーは写真に出ていません。すみません。

（２０１８年９月23日）

＊追記　値段は変わらないが、スムージーがなくなったそうです。残念。平日はチキンランチ１１００円です。ちなみにコーヒーもおいしかったよ。

★サンタモニカ　サードストリート　ミートテラス
横浜市西区みなとみらい２−３−１、クイーンズタワーＡ２階
☎045（323）9063
ＪＲ・市営地下鉄の桜木町駅から徒歩５分。みなとみらい線みなとみらい駅から徒歩３分。無休。

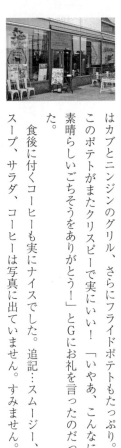

290

秋深しリズムに乗って天丼食す

天ぷら　豊野

秋ですね。秋と言えば、天高く天丼！　と言うことで横浜の天丼の名店、〈豊野〉に行こう。ここはもともと横浜橋通商店街にあったが、2017年6月にイセザキに移転した。入店すると細長いカウンターの店。2階にはテーブル席があるんだね。ご主人に取材の旨をお話ししつつごあいさつ。その後、券売機でチケットを買う。オーソドックスに天丼800円にしよう。奥の席に座ってチケットを渡す。あ、味噌汁別だから注文しないと。＋100円。大根とワカメとなめこの3種類あるそうなので、大根にしよう。テーブルの上には、高菜漬けとタクアンがあるので、これをお皿にもらって、水も汲んでしばし待つ。店の奥からはジュワ～っと天ぷらを揚げるいい音が。ワクワクするなあ。かくして天丼登場。…こ、これはなんだかものすごく豪華なんだが…。「せっかくなので、黄金丼（1200円）を食べてくださ

いやあ、モノスゴい贅沢でした。天丼って素晴らしい食べものですね

いよ！」とご主人。なんと格上げしてくれたのだ。

これは申し訳ないと思いつつ、お礼を言ってさあ食べよう。丼の上には特大エビ2本、ハス（レンコン）、ナス、しいたけ、ピーマン、ししとう、カボチャと素晴らしい陣容。では味噌汁から。大根と油揚げがたっぷり。これはキック力のある濃さ。大根の甘みとのバランスがステキ。では天丼。何から攻めるか。まずはピーマンから。これはカラッと揚がっていて、やや辛めのタレが硬めに炊かれた米にしみわたり、これはもう鼻血の出そうなおいしさ。私の中で「カチッ」とスイッチが入り、猛然とバクバクバクと食べ始める。天丼はリズムだか

らね。合間に食べる漬物たちも食べ放題なのでこれはとてもうれしい。しいたけは肉厚、ハスはシャリシャリ、カボチャはほっこり、ナスは軟らかく、ししとうはやや辛くうまい。ではエビ。……デ、デカい！　カリッと衣をかじると、プリっとエビの身。もう死にそう。こんなにおいしくていいのだろうかとのけぞりつつ食べ続けたのであった。（２０１８年10月21日）

★天ぷら　豊野　横浜市中区伊勢佐木長者町
＊追記　伊勢佐木町の店は閉店した模様。

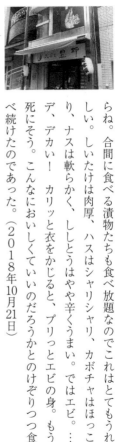

てドパドパ食べる。…まさに、「滋養」という言葉がぴったりくる味わい。

　大盛りにしたけれど、ご飯が足りなくなったのでお兄さんにお代わりをもらう（実は店長さんでした）。それにしても、大根の甘酢、ひじき、サラダと小鉢が豊富なのもとてもうれしい。これはいい店ができたなとお兄さんからお代わりをもらってもりもり食べたのであった。あ、食後のコーヒータイムもステキでした。

★kawara　CAFE＆DINING（横浜市中区伊勢佐木町）

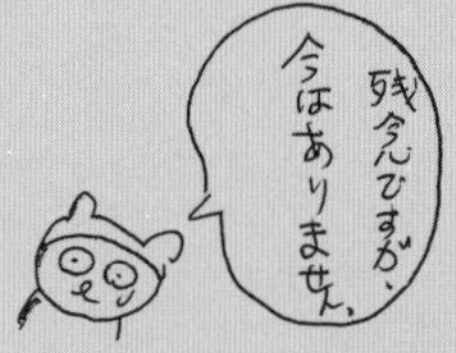

column2　kawara　CAFE＆DINING

イセザキの入り口にあるのがイセビル。ここは戦前からずっと建っている古〜いビル（1927年築）。今なお現役で、店舗は結構入れ替わっている。この中に最近できたのが〈kawara〉。土曜の14時過ぎに通りかかるといいランチをやっていた。食べていこうと階段を上って２階の店に入る。おお店内はカッコいいな。ゆったりとしたオサレ（お洒落）空間。いいねえ、こういう店も好きだ。

店内には、ゆったりと女性ボーカルの「DOWN TOWN」（山下達郎の名曲）が流れている。禁煙の窓に近い席に座る。さて、ランチはいろいろとあるが、鶏もも肉の香味唐揚げ＆特製出汁とろろ定食がおいしそうだ。900円。ご飯、味噌汁はお代わりできるそうで、こりゃうれしいやと思いつつ、やってきた愛想のいいお兄さんに注文。とりあえずご飯は最初から大盛りにしてもらおう。「飲み物はいかがですか？」とお兄さん。＋100円。迷ったが「いや、いいです」と伝える。

店内にはカップルや一人でご飯食べている女子もいるなと見ていると、定食登場。こりゃ立派。うーむ、これだけ立派だと食後も充実させたくなり、先ほどのお兄さんに「やはり食後に温かいコーヒーください」と注文。では味噌汁から。豆腐、油揚げ、青菜の味噌汁で、量、温度、濃さすべてにおいて絶妙！

いい出汁(だし)が出ている。ではメインに。唐揚げに水菜と、唐辛子など辛味がかかっている。鶏肉はクリスピーに揚がっていて、ほどよい辛さでおかず力爆発。そしてもう一つのおかずはトロロ。うーん、魅力的だ。さっそくスプーンでご飯にかけ

291 ご飯が進む新鮮なマグロシアワセだあ

つく志

よく晴れた秋の土曜日。逗子で用事が終わった。ちょうど昼だな。久しぶりに〈つく志〉に行こう。この店は、私の定食人生の中でもとても大事な店。定食の素晴らしさを伝えてくれた店の一つだ。駅近くの店の前にたどり着くと、相変わらずカッコいい店構え。「定食」の立て看板がもうシビレちゃいます。それでは入店しよう。

おお結構な混み具合。カウンターの隅っこに座り、ご主人にごあいさつ。メニューを見ると、とても悩ましい。イカ好きとしてはいかフライ定食680円や、煮魚定食680円も食べたい。しかし、ここで注文するのはもう決まっています。「三崎まぐろブツ切り定食」。680円。注文すると、麦茶とおしぼりが出てきたので、麦茶を飲みつつ待つ。

ちなみにこの店は、2階がある。風通しがよく、夏に仲の良い逗子開成中高の先

漬物が意外と大事なポイント

生たちと宴会をしたことがあるな。この店の大ジョッキはなんと1リットルもあるので(笑)、酒に強くない私なんかはもう1杯飲むのが精いっぱいだったよ。逗子開成の先生方は豪傑が多いから、みんなゲラゲラ笑いつつお代わりしてたな。実に楽しい宴会だった。

そんなことを思い出していると、わりと素早く定食登場。おお、これだこれだ。まずは小皿に醤油を入れてワサビを溶いて準備完了。ではまず味噌汁からいただく。アオサとネギの具。ああ、磯の香が全身を満たしていく。うまいなあ。続けてマグロ。サイコロ状にカットされている。食べると新鮮で爽やかなマグロ! もうご飯がどん

どん進んじゃうよ。ああ、１００円追加してご飯大盛りにしてもよかったなあと思った。漬物も酸っぱくておいしい。これは糠漬けを刻んだもので、いろいろな野菜が入っているそうだ。かくしてご飯と味噌汁、そしてマグロもほぼ食べ終わる。最後は、ツマ（大根）と大葉を食べ、最後の最後にひと切れだけ残しておいたマグロを食べてフィニッシュとしたのであった。ああシアワセだあ。（２０１８年11月18日）

＊追記　いかフライ定食が７５０円、煮魚定食が７８０円、そして「三崎まぐろブツ切り定食」が７５０円になったそうです。それでも安いね。

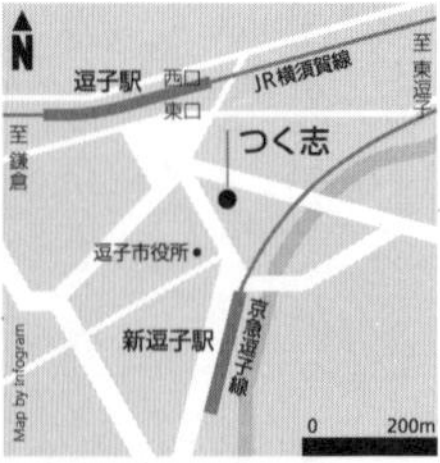

★つく志
逗子市逗子５－１－22
☎046(871)2914
ＪＲ逗子駅、京急線新逗子駅から徒歩３分。月曜定休。

292 中華街ランチ豪華に石持1尾丸揚げ

華錦飯店　本館

横浜産貿ホールで講演会が終わった（主催は県喫茶飲食生活衛生同業組合）。盛況で何よりでした。せっかくなので、中華街でランチを食べていこう。以前から行きたかった海鮮中華にしよう。と言うことで、〈華錦飯店　本館〉に向かう。市場通りを歩き続け、さらに関帝廟通りを超えると店はある。隣が華錦鮮魚店でここが経営しているそうだ。

ランチは15時までやっていたので大丈夫だった（今は14時40分）。入り口辺りのテーブル席に座る。どれにしようか迷ったが、ここは1番の「石持《いしもち》の姿揚げ醤油あんかけ」だろう。７００円。注文。ワクワクするなあ。しかし2番の「生芝エビの塩コショウ揚げ」６００円と3番の「アサリのニンニク炒め」６００円も気になるなあと思いつつ、出てきたお茶を飲みつつ待っていたら、ジャーンと登場。こりゃ

一尾丸揚げなので、スゴク立派！

スゴイ。1尾だよ！　往年の町中華の王者料理「鯉の丸揚げ」を彷彿とさせる豪華さだ。

では最初はスープから。青菜、キクラゲ、ニンジン、玉子の優しいスープ。おいしい。続けて石持。食べやすいように包丁で切り込みが入れてあり、すぐに身がとれる。……サクリと揚がった白身に軽やかな野菜あん（赤ピーマン、タマネギなど）がかかり、揚げ豆腐も添えられ、猛烈に米を呼んでいる。すかさずご飯を食べる。…ああ、たまりません。おいしいおいしいとご飯をゴゴゴと食べる。付け合わせの細切りのザーサイもおいしい。

ご飯があっという間になくなったので、

お兄さんに「半ライスください」と。うれしいことにご飯はお代わり可なんですね。かくして、満足して完食。…ああ、スゴイボリュームだった。お代わりは半ライスにしておいてよかった〜。さらにデザートの杏仁豆腐がツルンとしていて、とても美味でした。今度は２番、３番だな。（２０１８年12月16日）

＊追記　「石持の大きさによって値段が変わるけれど、大体変わらない。７００円以上になると、この定食をやらない」とのことです。

★華錦飯店　本館
横浜市中区山下町126−22
☎045(212)3853
みなとみらい線元町・中華街駅から徒歩４分。無休。

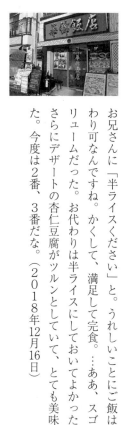

293 ショウガたっぷり辛さ競演キーマカレー

カフェ　てんだぁ

ＪＲ横浜線を大口駅で降りる。用事を済ませると14時過ぎ。…そうだ、この街には私の文庫本担当のＴさんから紹介されていたカフェがあった。お昼をそこで取ろう。冬なのにうららかな大口通商店街をテクテク歩いていくと〈カフェ　てんだぁ〉の看板が見えてきた。店は2階なので、階段を上って店内に。バンドセットが置かれ、シンプルかつシックな雰囲気。ランチタイムは14時30分だったのでギリギリセーフ。壁際に座る。

マスターに伺うと、ジンジャーキーマカレーがおススメなのでそれに。単品だと７００円。ランチ８００円はお得だ。飲み物はコーヒー（てんだぁブレンド）にして一緒に持ってきてもらう。出てきた水を飲み、店内に流れるイージーリスニングを聞きつつ待っているとカレーとコーヒー登場。おシャレなカレーだ。ポーション

お水の左が温玉です

された雑穀米にキーマカレーがのり、ミニサラダ（トマト、キャベツ、キュウリ、ニンジン）とキュウリのピクルスが付いている。

コーヒーがいい香りなので飲みたくなるが、我慢して後に飲もう。ではカレーを。「サービスです」とご主人から玉子（温玉）をいただいた。お礼を言い、まずはこのまで。…名前の通りショウガがたっぷり、シャキシャキしている。すりおろしていないんだね。そこにひき肉の粒々感とスパイシーなルーが合体して素晴らしい味わい。「辛いのがお好みなら」と出された「ガラムマサラ」を少し入れると、一層スパイシーに。では温玉投入。おお味がマイルドにな

り、さらに豊かに。なお雑穀米はポーションを崩すと結構な量だったよ。かくしてピクルスを食べ、サラダを食べ完食。いよいよコーヒー。…酸味、苦味、すべてのバランスの取れた味わい。素晴らしい。さらにカレーの後のコーヒーなのでなおさらうまいのだった。満足。

この店、ジンジャーエールも手作りとのこと。ナポリタンも人気なので次回はその組み合わせですね。（2019年1月27日）

＊追記　値段は変わらない。「10月以降も据え置きで、できるだけ値段を上げないでがんばってます」とマスターのステキなお言葉でした。

★カフェ　てんだぁ
横浜市神奈川区大口通３－６
☎045(717)5918
ＪＲ横浜線大口駅と京急線子安駅から徒歩５分。毎週木曜と第３水曜定休。

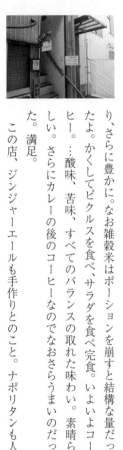

294 チャーハンにピリ辛「あん」で新しいおいしさ

ラーメンミート

京急大師線で終点の小島新田にやってきた。ここに読者の方から紹介された店、〈ラーメンミート〉があるのだ。駅から10分ほど歩き到着。店ののぼりが日光の下でキラキラ輝き、はためいている。店内に入ると居心地良い広さ。14時近くというランチ終盤だったせいか、テーブル席が空いていたのでそこに着席。読者の方からはスペシャルチャーハンを食べてと要望があった。店内に貼られた写真を見ると量が多い（笑）。実は重い風邪の治りかけ状態で、体調が完全ではない。本当はラーメン＋スペシャルチャーハンのCセット１１９０円に単品餃子を付けたいが、それは無理。ラーメンは諦め、餃子＋スペシャルチャーハンのAセット１１９０円に。注文して水を飲みつつ待つ。

おやっさんの小気味よい鍋を振る音に聞きほれていると登場。…スゴイ迫力。や

おいしいチャーハンにおいしいピリ辛「あん」で、おいしさ数十倍

はり半端ない量（笑）。まず醤油、ラー油、酢で餃子のタレを作り準備して、スープから。具はネギのみのシンプルなスープだが、甘さと深みのある優しい味わい。よしよし。ではチャーハン。全面にひき肉の「あん」がかかっている。レンゲを入れると下はチャーハン！　ハム、玉子、チャーシューなどが具。食べると、パラリチャーハンにピリ辛の「あん」、そしてひき肉のツブツブが重なり、新しいおいしさが完成。おやっさんが渾身の力をふり絞りこしらえたパラリチャーハンが、ピリ辛の「あん」で再度しっとりしていくところに妙味がある。たまらんとパクパク食べ続ける。

途中で漬物（キュウリ・大根）も食べ、

餃子も食べよう。スゴイ！　薄めの皮はパリッ、中の具は野菜たっぷりの軽やかさ。うまい。元気になってきたぞ。体にいいのだ。食べてよかったよ。ちなみにスペシャルチャーハンは最初、炒飯《チャーハン》に麻婆豆腐をかけてみたことから始まり、後に豆腐を抜いて完成したそうだ。また同店はカレーラーメン丼（麺、飯、チーズ入り）も名物。また来るぞ。（2019年2月24日）

＊追記　Aセット、Cセットともに1250円に。

★ラーメンミート
川崎市川崎区殿町2－6－19
☎044(277)1373
京急大師線小島新田駅から徒歩10分。毎日曜と第3土曜休み。

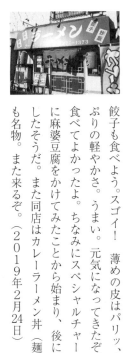

295 好物のちくわ天うれしい歯ごたえああ満足　新月

藤沢駅に来た。16時過ぎだが昼食を食べていない。この後用事があるので食べておきたい。こんな時に最適なのが、地下通路からふっと入ったところにある立ちそばの〈新月〉。ここはいい店。店内に入ると中途半端な時間なのでやはり空いていた。どうするか。私はちくわ天が好きなので、まずはちくわ磯辺天そばだな。かけそば（うどん）250円にちくわ磯辺天50円。さらにご飯ものを付けよう。いろいろあるが、今日は煮込み豚丼だな。200円で「ミニ」だが、さらに「ちび」にしよう。なんと100円。合計400円。素晴らしい安さ。チケットを買いカウンターでおやっさんに渡し、「そばで」とお願いする。

待っている間に水を汲み、準備をしていると早速ジャーンと登場。カウンターには福神漬け、紅ショウガ、タクアンがあるので、紅ショウガを少しいただき、壁際

ちくわ磯辺天もとても立派

に移動する。実においしそうだ。七味を少し振り、まずはおつゆ。キック力の強いおつゆ。熱くてやはりおいしい。立ちそばのおつゆは熱くなくっちゃね！　麺をズルズル。太麺で軟らかい立ちそば的麺。やさしく体内にじわじわと入ってくる。いいわあ。

続けて煮込み豚丼にいってみよう。豚肉を軟らかく甘辛煮したもので、これがご飯にのっているので実にナイス。紅ショウガの刺激もうれしい。続けて麺に戻り、ちくわ磯辺天をいただく。揚げたてカリカリがおつゆでどんどんほどけていく様がステキ。ちくわの歯ごたえもうれしい。

実はちくわ天って、とても手間暇かかった食べ物なのだ。魚の練り物（ちくわ）に

海苔《のり》入りの衣をつけて、さらにそれを揚げるわけだから、たとえば海外で最初から作ろうとすると大変なのだ。魚をすり身にするところから始めるわけだからね。そんなことを考えつつ完食。ああ満足した。最後に冷水をごくっと飲み食器を戻し、おやっさんに「ごちそうさま」と言って店を出たのであった。（2019年3月24日）

＊追記　10月以降、少しだけ上がってかけそば（うどん）は290円、ちくわ磯辺天は60円、煮込み豚丼「ミニ」は210円、「ちび」は110円に。それでもステキすぎる値段でしょうねえ。

★新月
藤沢市藤沢388
☎0466(27)5818
藤沢駅から徒歩３分。無休。

296 横須賀の老舗カレーはカッコいいぜ

ベンガル

横須賀に来た。今日はカレー食べるぞ。どこに行こうかと思ったが、横須賀中央駅近くにある〈ベンガル〉に行こう。横須賀が海軍カレーでアピールする前からの老舗（1971年から）。店内はカウンター席で構成。入店したのが12時直前だったので、結構混んでいる。今日はポークカレーの辛口だな。550円。それにジャーマンソーセージ150円とエッグ（目玉焼き）50円、さらにコールスロー150円で付けよう。合計900円。

注文して水を飲みつつ、しばし待つ。店内はお姉さんたちがテキパキと働いていて活気があるね。最初にサービスサラダ、続けてカレー、追加のコールスローが登場。カレーはカッコいいぜ。目玉焼きにソーセージがドーンとのって実に豪華。薬味として、福神漬け、紅ショウガ、そして大好きな刻みラッキョウをもらってさあ

ソーセージが活きがいい感じ（笑）。ルーの上のパセリも美しい

食べよう。

まず目玉焼きを崩すと、半熟の黄身が「にょほー」と出てくる。この感じがいいね。そして黄身と辛口のカレーがミックスされ、辛さとまろやかさが重なり合って、抜群においしい。パセリも新鮮でおいしい。そしてソーセージ。これがこんがり焼けてプリプリで、とても素晴らしい。ソーセージも複数付いている上に、ベンガルのカレーには肉もたっぷり入っているので、うれし過ぎる。いやあ、こんなに贅沢をしていいのだろうか、私も偉くなったものだと涙ぐむ（笑）。

さてコールスローだな。サービスサラダだけでもいいけれど、これ、もりもり食べ

たかったので、追加したのだ。マヨネーズ味のシャキシャキキャベツで栄養のバランスもバッチリ。さらにこのベンガル、ご飯も実においしい。カレーで大事なのは米！　ルーがいくらステキでも、受け手の米がよくないと、カレーライスのおいしさは完成しないと思いつつもりもり食べた、横須賀のお昼であった。（2019年4月21日）

＊追記　12月からポークカレーは600円、ジャーマンソーセージは200円に。エッグ（目玉焼き）50円とコールスロー150円は変わりません。

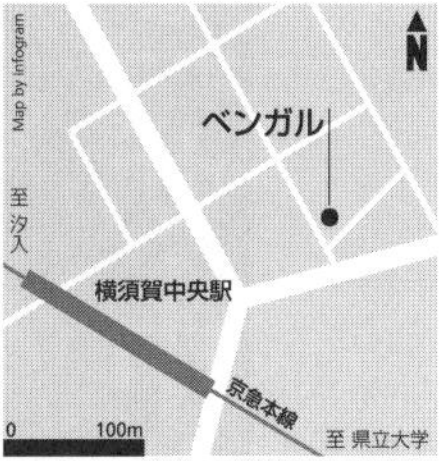

★ベンガル
横須賀市若松町1－9
☎046(825)8877
京急線横須賀中央駅から徒歩2分。月曜定休。

297 クラシックかつゴージャスな「ザ・中華」 龍苑

前回のベンガルを出た後、少し歩くと〈龍苑〉があった。そうだ、まだここ紹介していなかった！　…ということで後日、横須賀中央を再訪。この龍苑は通りからちょっと入ったところにあるクラシックかつゴージャスな中華！　往年の中華街の名店の奥ゆかしさ、そしてホノルルの中華料理店のようなエキゾチックな雰囲気もある。ドアを開けて入るとまず待合があり、その奥には赤い丸テーブルのある空間が広がりとてもステキ。13時に訪れたのでランチを食べよう。

ランチは6種類あり、その中でも4番「五目うまに」８３０円が斉藤コック長おススメとのことでこれにしよう。やってきたお姉さんに注文し、セルフのお茶を汲みにいき、飲みつつ待つ。中国音楽がゆったり流れ、居心地がいい。うっとりしていると、五目うまに、ライス、スープ、そしておしんこが登場。おお、ビジュアル

どこか懐かしさもある中華定食

も「ザ・中華」！

　まずは玉子スープから。懐かしい感じの落ち着いた味わい。続けて五目うまに。「五目」以上にいろいろ入っている。白菜、タマネギ、ピーマン、シイタケ、銀杏、豚肉、エビ、イカなどと実に豪華。まずは白菜から。これはシャキシャキ。醤油ベースのしっかりとした味付け。おかず力あるなあ。受け止めるご飯も炊きたてで実においしい。米がおいしいのでさらにうれしくなる。豚肉もたくさん入っていて、ご飯はあっという間になくなった。でも大丈夫。ご飯のお代わりはセルフでできるのだ。

　ご飯をもらいに行き、ついでに水ももらって２杯目を食べる。…あ、２杯目も食べてしまった。うーむ、食べ過ぎだが3杯目もいただく。甘酸っぱい大根の漬物もおいしくシアワセになったのだった。ちなみに同店は1964（昭和39）年創業。3代目の島森さんに伺うと、中華街の華正樓で修業した人が店の味をつくったそうだ。へえ！

（2019年5月19日）

＊追記　五目うまには850円に。ちなみに、訪問時にお土産に「しゅうまい」をいただいたのだが（ありがとうございます）、帰宅後蒸して食べると、それは確かに華正楼の流れを感じさせる素晴らしいおいしさでした。

★龍苑
横須賀市大滝町2－10
☎046(823)3235
京急線横須賀中央駅から徒歩5分。水曜の午後3時以降休み。

298 シブい商店街の落ち着ける洋食レストラン

魚レストラン　マルシェ

京急線を神奈川駅で降りると、とてもシブい宮前商店街がある。ここを歩いていると、〈マルシェ〉というステキなレストランがあった。なんだかランチがおいしそうだな。1080円でコーヒー（アイスコーヒー、ウーロン茶もOK）、デザート付き。ステキじゃないかと入店する。

店内はシックな雰囲気で、ハワイアンが静かに流れていて、とても落ち着く。入り口近くの席に座り、何にしようか考える。4種類の料理から二つをハーフ&ハーフで組み合わせることもできる。お店の人に聞いたら、ハヤシライスは定番で、スープはお店が始まったときからあるそう。それなら、Cのチキンのクリームスープと Sのハヤシライスで注文。出てきた水を飲みつつしばし待つ。本来デザートとコーヒーは後から出てくるが、撮影のため一緒に出してもらう。

パンもご飯も食べられ、デザートもコーヒーもあってとても幸せ

かくして登場。おおものすごく豪華。パンまで付いてきた！　ではスープから。大根、ニンジン、グリーンピース、チキンなどのたっぷり入った優しい味。体に浸透していくような滋養を感じる。パンを食べようとちぎったら、ちゃんと温められていて感激。バターも少し塗ってスープに浸して食べる。うん、最高。続けてハヤシライス。たっぷりのビーフとタマネギ入りのソースは真っすぐな味。受けとめるご飯の炊き加減もいい。続けてコールスロー。シャキシャキキャベツを食べていると栄養のバランスもよく元気が出てきそうだ。

　満足して食べ終え、デザートとコーヒーに。デザートはプリン。このプリンがクラ

シックな味わいでまたステキ。シェフにお聞きしたら、なんと日本橋「たいめいけん」の出身！「たいめいけん」と言えば、洋食の「聖地」。ボルシチとコールスローも有名。…あっ！「そうか！だからコールスロー！」と納得。ちなみにこの店は魚が得意なので今度は夜来よう。（2019年6月16日）

＊追記　10月以降は1080円が1100円になりました。実にわかりやすいのであった。

★魚レストラン　マルシェ
横浜市神奈川区青木町5－25、コスモ横浜1F
☎045(451)1280
京急線・神奈川駅から徒歩3分。日曜・祝日休み。

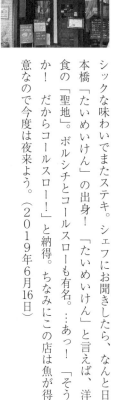

299 噂にたがわぬ実力派の中華料理店

中国料理 壱龍釜

浦舟町にすごくおいしい中華料理店があると噂に聞いた。それならばということで、GW最後の日、横浜市営地下鉄を阪東橋駅で降り、横浜橋通商店街を抜ける。ここはいろいろ買い物したくなるので、帰りに寄ろう（笑）。商店街を抜け通りを渡ると、右手にその店、〈壱龍釜〉が見えてくる。

おお、休日なのにランチをやっていてエライ。どれも８８０円。掲げられたメニューのすべてがおいしそうだが、「牛肉と揚げ豆腐煮込み」にグッと目が引き寄せられた。これだ。ビシッと決め入店。スタイリッシュな店内だ。大きなテーブルに座り、注文。デザートも一緒に持ってきてもらう。

水を飲みつつ待っていると、わりと素早くランチ登場。実に美しい中華定食！店の人（実は支配人）が、「ご飯はお代わりできます」とうれしい一言を添えてく

別の定食も制覇したい。しかし美味しかった

れる。ではスープから。玉子、ワカメ、豆腐の具。ワカメのとろみが全体に行きわたっている。少しスパイシーな味わいもあり、同店の実力を示している。

続けてメインに。キノコ、タケノコ、ニンジン、青菜、揚げ豆腐、そしてもちろん牛肉がたっぷり。食べると野菜はシャキシャキ、揚げ豆腐は淡泊かつ力強く、牛肉はとても軟らかい仕上がりで、極上の味わい。やはり噂通り、いや噂以上の素晴らしさ。このメインは明らかに町中華のレベルを超越している。特に都内ではこのレベルはなかなか食べることはできないと感心しつつ、ご飯もバクバク食べ、お代わりをいただく。ご飯もおいしい。かくして完食。

それでは食後のデザートの杏仁豆腐を。これはトロリ系の卓越した味わい。さらに満足度が上昇！

会計時に支配人さんに伺うと、なんと、料理長はヨコハマグランドインターコンチネンタルホテルの中華料理店の初代料理長とのこと！ …道理でスゴイレベルな訳だ。ぜひまた来ます！（2019年7月14日）

＊追記　値段は変わらず。他の定食も食べたい。

★中国料理　壱龍釜（いちりゅうがま）
横浜市南区浦舟町１－８、ピアコート１階
☎045（309）8286
横浜市営地下鉄・阪東橋駅から徒歩７分。火曜定休。

300 300回記念でエクセレントな焼き肉定食

韓国料理　焼肉冷麺　関内苑

本連載も300回。読者の皆さま本当にありがとうございます。今回は記念なので、大好きな〈関内苑〉で昼焼き肉だ。さらに初代担当のSさん、文庫担当のTさん、そしてサイトウ記者もお祝いに駆け付けてくれた。私、関内苑は30年ほど通っている。ここは良いことがあると来る店です。

さて、いただくのは和牛定食1100円！　ちょっと奮発だが、これがすごい実力の定食なのだ。店の2階の奥の座敷に座り注文。皆さんも一緒の定食に。Sさんとは久々だったので連載が始まった当時をお話していると、続々とパーツが登場し完成。おお、相変わらずエクセレントな焼き肉定食。まずはタレにコチジャンをつけ、味噌汁をいただく。ワカメスープじゃないのがまさに「ミソ」。豆腐、ネギ、ワカメがたっぷり入り、深いうまみの味噌汁。あー、これ飲んだだけで高い満足感

興奮！　豪華な焼き肉ランチ！　生きてて良かった！

(笑)。

続けてトングで網の上に肉を置き焼く作業を。待っている間に三つのおかずを食べよう。ワカメの酢の物、キムチ、そしてもう一つは何かの和え物。キムチ以外は日替わりらしい。和え物がナゾだったので先に食べると、お揚げのような淡泊なおいしさ。後で聞いたら、魚のすり身とのこと。…おっと、肉が焼けてきたよ。お箸で取りタレをつけて米とともに食べる。…う、うまい。タレの深み、ほどよい辛さ、そして何よりも肉自体のおいしさ。さらに、この肉を受け止める米の素晴らしさ。ああ、本当に最高の店だ！

ではキムチに。シャリシャリ。うん、剛

速球ストライクのキムチ！　ご飯がさらに進む。あ、サラダも食べよう。ドレッシングも昔から変わらず実にナイス。ちなみに、ご飯は大盛りにできたが、今日は皆さんとのお話もおいしかったので十分。というか、もうかなり満腹で、シアワセなお昼となった。これからも本連載をよろしくお願いします。（２０１９年８月11日）

＊追記　値段は変わらず。ああ、おいしかった。
また行こう！

★韓国料理　焼肉冷麺
関内苑
横浜市中区羽衣町２－５－14
☎045（261）2040
ＪＲ・市営地下鉄関内駅から徒歩１分。年中無休

京急線駅前の食文化 column3

京急線は駅前を含め、沿線の食文化も強い独自性がある。今回は横浜市域を三ブロックに分けて見て行こう。

杉田～金沢八景…どこへ行った？大学生

京急は海の近くを走ることが多い。横浜ゾーンでは杉田を越えた辺りから海を近くに感じる。もともと杉田近辺は海岸線を走っていたけれど、戦後、海岸を埋め立てJR根岸線が走るようになり、JR新杉田駅がつくられた。ゆえに杉田駅から新杉田駅に向かって歩くと、町の古層と新層の違いがわかる。杉田駅近辺は店と店との距離が近く、一方でJR新杉田駅はぽかんとした空間がある。一時期、新杉田駅近くの独身寮に畸人《きじん》研究学会同人の黒崎くんが住んでいたのでよく訪れた。近隣に工場や会社も多いせいか、新杉田駅界隈は独身者（男）も多かった。

そんな彼らが愛するのが〈バーグ杉田本店〉。生姜焼きと生玉子ののったスタミナカレーが有名で、注文するとすごい速さで出てくる。この速さは京急的だなと思いつつ、もりもり食べた。一方、杉田駅近辺は西口から上っていくと住宅地。そんな住宅地に住むおじさんたちにも愛されていたのが杉田駅近くにあった〈はまや食堂〉。定食の名店で、居酒屋の達人・浜田信郎さんのブログで度々絶賛されていたので、いつか訪問しようと思っていたら2015年閉店。残念。そういう無念もあるので行きたい店はすぐ行くべきだ。

いずれにしても独身者や学生が多いと町の飲食スポットにはパワーが出る。京急沿線では横浜市立大学、関東学院大学（ともに金沢八景駅）等があるが、日吉（慶應義塾大学）や白楽（神奈川大学）ほど学生の姿を見ない。大学が終わると快特や特急に乗り、上大岡や横浜に行くのだろう（横浜駅以北には行かない）。ただ学生たちは学内で充実した生活を送っている側面もある。特に関東学院大には最近、学食に重慶飯店プロデュースの〈重慶厨房〉があり話題。学生のみならず地域の人にも開放している。重慶クオリティーの担担麺や麻婆豆腐丼が５００円！　私も訪れ食したが、素晴らしいの一言。重慶の誇る辛さの向こうに爽やかさが見える深みがたまりません。

　横浜人、特に〝横浜南部人〟たちにとって横浜中華街や山下公園辺りは大変エライ存在。そんなエライところの重慶飯店が我が街の大学の学食に来たのでとてもうれしいのだ。

上大岡〜日出町…「横浜の柔らかい下腹部」南区

「横浜以北には滅多に行かない」「中区の元町・中華街界隈は大好き」の特徴は、京急の南区域、弘明寺〜黄金町界隈では一層濃厚。南区こそは最も「横浜的」だと私は確信する。かのチャーチルは第二次世界大戦時、イタリアを「ヨーロッパの下腹部」と呼んだが、私は南区を「横浜の柔らかい下腹部」と呼ぶ。つまり大事な箇所という意味です。ついでに言うと南区の中心的存在が弘明寺で、観音様があるとは話が出来すぎ（笑）。では南区の食の特徴を記す。

①**喫茶店好き**…以前神奈川新聞で喫茶店の連載をした際、取材希望の読者投稿も南区は多かった。朝はモーニング、昼はランチ、夕方は甘味、夜は飲んだ後のコーヒーと、一日中喫茶店を利用。名店も多くほっと安心できる空間なのが何よりもいい。今回は弘明寺駅そばの〈ぱぁら～泉〉を訪れ、チョコパフェ780円をいただく。花火まで付いていたのは仰天した。

②**総菜好き**…喫茶店でコーヒー飲むのも好きだが、お酒を飲むのも大好き。野毛や関内で飲んだ後は、京急でもタクシーでもすぐ帰宅できる。区内の黄金

ぱぁら～泉のチョコパフェ。花火までついていた（笑）！

町や弘明寺周辺にもいい飲み屋が多く、そこなら歩いて帰れる。当然自宅でも酒を飲むので、すぐ宴会ができる総菜も大好き。南区の誇る横浜橋通商店街や弘明寺商店街、弘明寺かんのん通り商店街、各スーパーで揚げ物や刺身を買い、おかずやつまみにします。

③**おでん好き**…②と関連するが、冬はおでんを相当の頻度で作る。井土ケ谷出身のイガラシくんは「毎日おでんでいやになっちゃうポイポイ」と冬にぼやいていた（ポイポイは口癖）。「冬おでん」は他の南区の友人も同意した。練り物を煮ると簡単にできるし、一回作るとしばらく持つから楽。ただ最近は前述の商店街などからおでん種の店がなくなっているので、この風習は弱まったかと思いきや、南区出身の夫を持つよっちゃんは「おでん種の店なんて高級なところじゃなくて、スーパーのパック入りおでんを買うんです、南区は！」と力説。ということで「冬おでん」はまだ続いているらしい。

④**人懐っこい**…実は総菜もおでんも、訪問者を手早くもてなそうとするサービス精神から来ている。断言しますが南区は人懐っこくていい人が多い（他の区がそうでないとは言ってませんよ！）。喫茶店好きなのも仲間に会いたいから。ちなみに私は南区に特に友達が多い。

京急黄金町駅のホーム夕景

弘明寺かんのん通り
商店街も総菜天国！

鶴見…鶴見駅ビルで安くておいしいスパを食べる

　横浜駅を越えると京急人も行動形態が変化。鶴見だと川崎、そして多摩川を越え蒲田にも頻々《ひんぴん》と行く。そのせいか蒲田は「神奈川の」匂いのする東京。鶴見〜蒲田は東京・神奈川の「汽水域」だ。鶴見は親しみやすい飲食店や和菓子屋がある一方、東京から来た新しい店もある。その二方向を紹介。ちなみに京急鶴見駅とＪＲ鶴見駅は距離も近くその間にもいい店が多い。

　ＪＲ鶴見駅東口のロータリーには立ちそばの名店〈ういーん〉が。そばをたぐりたくなるが、今回は我慢し京急線の方に進むと〈御菓子司清月〉がある。江戸の銘菓「よねまんじゅう」を復活させた店。夕方に訪れたらほぼ完売で白あんだけあった（ほかにこしあん、梅あん）。白あんを二つ買う。一つ90円。おかみさんがおまけでうさぎ饅頭くれた。うれしい。お礼を言い、店を去り、歩きながら一つ食べる。饅頭と言いつつ実は餅。くちどけが素晴らしくするする食べられる。白あんの優しい甘さもいい。10個はいける（笑）。もう一つは帰宅後食べようと思いバッグにしまい京急鶴見駅に。

　駅ビルにある〈ポタパスタ〉に行く。東京由来のチェーン系店（店数は多くない）。自家製生麺のパスタは安くておいしい。今日は「イタリアンパセリのペペロンチーノ」Sサイズ。３９０円。フォカッチャセット２５０円も（飲み物はホットコーヒー）。スパからツルツル。ニンニクの香ばしさとオイルをまとったシコシコのパスタがおいしい。ペペロンチーノは油そばのおいしさと通じる。ホカホカのフォカッチャはオイルをつけ食べるとグッド。ちなみに同店の上には京急が走り、時折わずかに振動と電車の走行音が。まさにこれこそ「京急の味」だと思いつつ、食後のコーヒーを飲んだ。

清月で「よねまんじゅう」を買う。うまいよ！

季刊誌横濱61号「京急120年特集・京急線が好き。」(2018年7月6日発行、神奈川新聞社)から「京急線沿線の食文化」を一部修正して収載。
※値段等は掲載時のものです

京急黄金町駅すぐそば、大岡川に架かる栄橋

番外編　特別座談会

ぱあらー泉名物「ポラタ」を手に、まずは記念撮影。ああ、おいしそう!
早く食べたい!

特別座談会① ぱあらー泉にて

テーマ「ナポリタン」

■2016年12月18日付神奈川新聞掲載

トマトケチャップが絡みオレンジ色に染まったスパゲティ。さっきまでフライパンの上でパチパチとはぜていたさまが見えるようです。「かながわ定食紀行」の年末恒例座談会、本年のお題はナポリタン。横浜が発祥とされる「洋食」だとは近年、よく知られるようになりました。京急線南太田駅前の名店〈ぱあらー泉〉に陣取り、ご主人の**八亀淳也**さん、日本ナポリタン学会会長の**田中健介**さん、大衆食愛好家の**刈部山本**さんのお三方をお迎えしました。席亭はもちろん、本連載を執筆してはや10年、**今柊二**さんです。パチパチパチパチ。

由来は「シポラタ」

今　今年たまたま田中さんとの出会いがあったのと、僕の中でナポリタンが盛り上がって。それに山本さんにお会いして喫茶店文化の素晴らしさもあって。だったら「ぱあらー泉」しかない、と伺った次第です。まずこの店の歴史を。

八亀　1967年創業で、もうじき半世紀です。

今　なんと私と同い年だ！　もともとお父さんが始めたんですよね。

八亀　そうです。元は別の喫茶店で、そこが店をやめると聞いて。うちの実家はすぐそこの「丸亀食堂」で「じゃあやろうか」と。

今　はー、なるほど。

八亀　もともと、ドンドン商店街にあったんですよ。

今　ほら、新たな事実が判明した（一同笑い）。ドンドン商店街は、近くに横浜国大の清水ケ丘キャンパスがあって栄えていたの。

八亀　元の店の名前が「泉」だったのでそのまま。

今　屋号を使ったと。「パーラー丸亀」にはならなかったと。やー、初めて知った。その時のメニューはどんな感じだったんですか。

八亀　僕の記憶では、カレーとかスパゲティとかコーヒーとか。

今　飲み物とか軽食は当時から？

八亀　はい。サンドイッチとかピラフはありました。

今　なるほど。電車を降りた人がここで食べて…中継地点だったんですね。

八亀　以前は目の前が改札口だったんですよ。ぎりぎりまでいて、電車に間に合うくらいの近さで。

今　京急沿線ってそういう店多いですよね。

で、いよいよ核心に迫るんですけれど、「ポラタ」はいつ頃からあるんですか?

八亀　昔からあったと思います。

今　最大のテーマ、なんで「ポラタ」っていう名前なんですか?

八亀　デミグラスソースの中にウインナーが入った「シポラタソース」というのがあるんです。うちはウインナーとベーコン入れているので「シポラタ」。だから「ポラタ」にしたという。

今　そうなんだー。

八亀　実は僕も人づてに聞いたんです。常連のお客さんが知っていて。

今　あー、お客が記憶装置だったんですね。

八亀　聞かれてすぐ答えられるようになりました。

今　あともう一つ、ここは喫茶店では珍しく、お子様ランチがありますね。

八亀　20年くらい前でしたか、私が大学生の頃にできたと思います。

今　珍しいですね。どちらかといえばお客はシニア層が中心じゃないですか。

八亀　それが、おばあちゃんがお孫さんを連れて来ることもありまして。

今　大人は注文できないんですよね。

八亀　基本的に小学生までにしています。

今　あと、人気ナンバー2がクリームあんみつ。

八亀　昔からあります。

今　この辺の喫茶店には、私の好きだった長者町の喫茶店「たぬき」(今はない)とか、八幡町の「カメヤ」とか。あんみつ系が必ずあるんですけど、じゃあ、あれも昔からニーズがあったから?

八亀　そうですね。

今　喫茶店でありつつ…。

八亀　甘味どころでありつつ。

今　お子様ランチもあるという。はあ、これで聞きたいことはだいたい聞いた。用事が済んだ（笑）。

弟子たちが広めた

今　田中さんは、もともと麺類がお好きだったんですよね。

田中　はい、そうです。

今　その中でナポリタンに注目したというのは。

田中　横浜っていうと中華街とかサンマーメン、タンメン、洋麺ではナポリタンも発祥の

八亀　淳也さん

地と言われていて、独特の麺文化だなと。僕、汁麺よりも焼きそば的なものが好きでして。

今　あー、私もそうだわ。

田中　ナポリタンには焼きそばの要素がありますよね。以前、伊勢佐木町の洋食「コトブキ」が24時間営業で、酒を飲んだ後の「締めのナポリタン」が20代の頃からのマイブームで…。

今　横浜日劇のそばにあった頃でしょ。

田中　そうそう。

今　で、学会を設立したのは？

田中　地域SNS（会員制交流サイト）に食いついてきた人たちと「やらない？」となって。

今　ナポリタンの発祥はホテルニューグランドと言われていますよね。

田中　戦後、1952年の接収解除の後に入江茂忠氏（第2代総料理長）が考案してメニューに取り入れたと…。でも野毛（花咲町）の「センターグリル」が46年のオープン当時

からナポリタン出していたと、店主の石橋秀樹さん(2008年の本座談会に登場)がおっしゃっていたんです。

今　伊勢佐木町の「桃山」にも古くからナポリタン的な物があったんですよね。

田中　そうなんです。はっきり分かりませんがエビが入ったナポリタンで。

今　オリンピックだ、戦前の名前。その頃から確か、あったはずだ。

田中　東京では戦前の三越の食堂にお子様ランチがあって、ナポリタンらしきものが出されていたそうです。国産初のトマトケチャップは横浜の「清水屋」が明治期に、スパゲティの量産は「センターグリル」の麺を作っている「ボルカノ」(富山県)が昭和初期に。ですから戦前にスパゲティとトマトケチャップの組み合わせは何かしらあったと思います。

今　そして、始まりも大事なんだけど、広がったことも重要なんですよね。昭和20年代にナポリタン的な物が広まったのはまず間違いない？

今 柊二さん

田中　そうですね。ニューグランドの初代総料理長、サリー・ワイル氏が何人ものお弟子さんに伝え、そこからまた多くの料理人が広めたという。福富町仲通の「タマガワ」とか、長者町の「すいれん」だとか。

今　いろんな店で修業して、いろんな店の味が混じっているんですね。

街場の店を再発見

今　ナポリタンってご飯にも合いますよね。

田中　磯子の「センターグリル」。あそこは本家の野毛とは少し感じが違って、ご飯が進むんですよ。

今　味噌汁まであるでしょ。味噌汁を出せって注文が多かったんだって。

八亀　うちもたまに言われますよ。味噌汁ないのって。

田中　健介さん

今　山本さんが造詣の深い浅草では、結構「洋食に味噌汁」多いでしょ。

山本　ええ、街の洋食屋さんでは当たり前のように。

田中　僕は昨年から〝横浜都民〟になりまして、東京でどんなナポリタンが主流なのか、よく食べに行くように心がけています。先日は押上の喫茶店「シロウマ」へ行きましたが、やはり味噌汁が付いてましたね。

今　組み合わせでいえば、新橋の「ポンヌフ」分かります？　ここ素晴らしい。

田中　素晴らしいです。あのナポリタンハンバーグ。

今　食べ方いろいろ。パンの中に挟むとか…メロメロになるパンの運用力の高さだからなあ。あそこのナポリタンは「白」があるでしょ。ケチャップを入れないの。あれは神奈川ではほとんどないですよね。

田中　神奈川ではあんまりないですよね。

今　ナポリタンとイタリアンという名前について は論究されたことありますか？

田中　西日本に行くと、イタリアンという傾向が強い。

〈ポラタ登場！〉

今　あ、やっぱりうまいなこれ。焼きそば的だね。

田中　そうですね、鉄のフライパンで炒めている感じ。

〈食べながら〉

今　山本さんはどうして喫茶店を？

山本　もともと好きだったのですが、食べ歩きをしていた1990年代に自家焙煎ブームがあったんです。ドトールのようなチェーン店が増えて喫茶店が少なくなりつつあった時期に、それとは逆の流れで自家焙煎の店が出てきて。普段使いのチェーン店とは別に出先でそういう店を回り始めて、そのうち自分でやってみたいな、という感じで。

今　ははあ。

山本　どっちかなんですよね。焙煎や豆にこだわる方向か、カフェのようなスタイルにこだわる方向か。「喫茶店」と「コーヒー専門店」は2000年頃に明確に分かれてきた。需要が違うんですよね。

田中　分かります。ナポリタンがある店か、純粋にコーヒーを楽しむ店か、何となく雰囲気で分かりますね。

山本　最近、純喫茶が再注目されていますよね。一度は細分化されたけれど、また昭和の

これが「ポラタ」だ！
付け合わせもおいしそう

街場の喫茶店が「再発見」されたように思います。「喫茶メシ」という形でナポリタンも若い人に再評価されて。

今　山本さんの店のコーヒーって、とてもおいしい。よく言う例えは、3千円のすしと1万円のすしとでは7千円の差があるけれど、おいしさの違いは2割ぐらい。その2割に7千円出せるかってことで。

一同　なるほどお。

今　あと、山本さんの店は私語禁止なんです。

山本　もともと古本喫茶みたいな感じで、本を読む人、勉強する人が来る。自然にそうなりました。

刈部　山本さん

田中　面白いですね。

今　静かにする喫茶店もあれば、話し声がさざめきになって心地よい店もある。ここ「ぱあらー泉」って、ソファの感じも好き。あとは借景。特に1階の角の席が最高で、窓越しに京浜急行が走っていく…。私、黄色い喫茶店が好きなんですよ。

田中　あ、はは。

今　ここ、結構黄色いでしょ（と壁にある金色の照明器具を指さす）。金色ですね、金が入っているとまたその店行こうかなって。

田中　優雅な感じ。

今　椅子の色もそうだし、この生地ね！

田中　ベロア、昔のアメ車みたいな。

八亀　関内の「コーヒーの大学院」もそうですね。

なぜか南区の話に

〈クリームあんみつ登場〉

今　これはもう正月が来たみたいだね！

田中　あんが「清水製餡所」という、南区中村町にある業者で。寒天は伊勢佐木町の「銚子屋」。もう、近所で完結しているんです。

今　この辺みんな、つながってるもんね。「浜志まん」（伊勢佐木町の洋菓子店）のご主人に、そこの角を曲がった所のそば屋さんで食べなさいと言われた。「すゞ家」（若葉町）。

八亀　僕の一押しは曙町の「守茂」の天丼ですね。

田中　「岩井の胡麻油」で揚げてる。

今　「守茂」、私ずうっと気になってたんですよ！

八亀　僕は子どもの頃から天丼です。

今　じゃあ行かなきゃ。

田中　岩井の社長さんが、そこで食べろって。かき揚げそば食べてくれって。

八亀　ラーメンは伊勢佐木町の「玉泉亭」。あとは「浜志まん」のボストンクリームパイ。

今　あれは最高。

八亀　僕は、あれ一人でワンホール食べちゃいます。

田中　分かる！

今　あそこすごいんだ。平日なのにみんな買って帰るんだ。面白い話で、元は和菓子屋さんだったんですよ。戦後、横浜港―北米航路の客船のパティシエを迎えて、ボストンクリームパイのレシピにアレンジを加えて作ったら大人気に。

〈ひょんなことから出身校の話になって…〉

八亀　僕、関東学院に行ってました、小中高と。

今　やっぱり南区の商店街の子の王道だ！

八亀　商売人の子はだいたい関東に行くんですよ。

田中　うちの亡きばあさんが今はもうない有馬病院で婦長をやってて、関東の子がけがすると必ず来てた。

今　佐藤病院もあるよね、お三の宮の近くに。その佐藤病院、意外な事実が判明したの。大佛次郎の日記を読んでたら「吉野町三丁目の佐藤病院の栄七院長」と伊勢佐木町の不二家に行った話が出てくるの。この栄七院長というのは佐藤病院の先代で、大佛次郎の友達だったみたいで…。

——ナポリタンじゃなく南区の話になってますが…。

今　いいんだよ！　南区には神奈川新聞の読者が多いんだから！

——でも伝わりにくいことばっかりですよ。

今　そうね（笑）。

田中健介（たなか・けんすけ）さん■日本ナポリタン学会会長。1976年横浜市戸塚区生まれ、南、中区育ち、南区在住。発祥の地・横浜の魅力を伝えるべく2009年に市民有志で同学会を結成。14年に「第4回地域再生大賞」優秀賞。著書に「麺食力（めんくいりょく）」。

刈部山本（かりべ・やまもと）さん■珈琲・ケーキ専門店「結構人ミルクホール」を営業しつつ（実店舗は閉店、イベントや間借り営業で継続中）、ラーメン・町中華・酒場・喫茶で大衆食を貪りつつ、産業遺産・近代建築・郊外・路地裏を彷徨《さまよ》う記録を、WEBや書籍など各種メディアで発信し続けるライター。「マツコの知らない世界」出演。著書に『東京「裏町メシ屋」探訪記』（光文社）、『街道のグルメ』（辰巳出版）などがある。

八亀淳也（やかめ・じゅんや）さん■「ぱあらー泉」などの運営会社「Lecker」代表取締役。1970年生まれ。大学卒業後サラリーマンを経て97年に家業に入り「ぱあらー泉」南太田本店、六ツ川店、ドイツパンの「カッセルカフェ」を経営する。日本ナポリタン学会の店舗会員。

初めてお会いしたのに、旧知の仲のように、親しくお話ししていただいた、泉麻人さんにはホントに感謝です！

特別座談会② 喫茶&レストラン〈まりも〉にて

テーマ「普通の喫茶店」

■2017年12月24日付神奈川新聞掲載

東急線、横浜市営地下鉄の日吉駅近く、慶應大のある学生街を38年にわたり見つめてきた居心地の良い喫茶店「まりも」（横浜市港北区）が、12月20日（2017年）を最後に閉店しました。そこで年末恒例の「かながわ定食紀行」の座談会は今回、閉店間近の同店の一角に陣取り、昭和の街に必ずあった「普通の喫茶店」を惜しみながら語り合ったのです。参加者は東京や街のエッセイでおなじみの**泉麻人**さん、「まりも」日吉店の店主、**加藤政義**さん、そのルーツである「まりも」新丸子店の**成田勝治**さん。席亭はおなじみ**今柊二**さん。

慶大生が客を集めた

泉　開店は1979年でしたよね。僕は慶應大学なんだけど、日吉に通ってたのは75年から76年なので、入れ違いだったんです。学生時代に入った喫茶店はほとんど残ってないんですよね。

加藤　そうですよね。

泉　隣のコロラドも同じぐらいじゃないですか。

加藤　コロラドはもう何年か古いですね。

今　まりもは新丸子店の方が古いんですか。

成田　もう50年以上です、東京オリンピックの1年前。

今　新丸子で喫茶店をやろうと思ったのは？

成田　おやじは乾物屋をやってたんですが、スーパーに押され始めた時代で、それで商売替えしたんです。当時、新丸子に喫茶店はなかったんですよ。

泉　僕らの頃は、新丸子ってストリップ劇場があったんだよね。

今　へえー！

成田　はっはは。

泉　それで、不良の先輩がわざわざ学校帰りに行ってたんですよ。

成田　踊り子さんが昼間、うちでコーヒー飲んでた（笑）。

泉　あの頃、武蔵小杉の周辺は工業地帯でしたよね。

成田　そして新丸子は綱島と同じく、料亭街だったんです。花街ですよ。

今　三業地（料理屋・待合茶屋・芸者屋）ってやつですね。

成田　今はマンションに変わっちゃいましたが、夜の街でしょ、うちの店では芸者さんや、ちょっとこわもてのお兄さんがお茶飲んでたり。昔の話ですけどね。

今　らしいですねえ。

泉　まりもの由来は？

成田　僕、魚釣りが好きなんですよ。それで（店の外に水槽を設けて）魚を飼ってるんだけど…。

泉　（窓外の水槽を指して）ここに、マリモ入ってたんですか？

成田　いや、入ってません、魚です（笑）。店を開くとき、エンゼルフィッシュという淡水魚を飼っていて、エンゼルって名前にしようとマッチまで作ったんです。そしたら、近くにスナックエンゼルってのができちゃった。

泉　ああ、そういうことがあったんですか。

成田　改めて水槽の中を見て、マリモはかわいらしいから、と。その頃、北海道に行った友達から養殖マリモをもらったので。

泉　新丸子が元なんですね。

成田　そうです。

加藤　私は全部教えてもらって。もともとは米屋をやってたんだけど、やっぱりスーパーの時代になって。

今　最初から盛況だったんですか。

加藤　いや、夏休みから始めたので、お客さんがほとんど入りませんでした。でも、後にバイトに来た慶應の学生さんが仲間をいっぱい連れてきてくれて。

泉　テレビゲーム卓を入れたことはなかったですか。

加藤　それは断ってきましたから。

泉　インベーダーゲームのブームの時期は、多くの店がゲーム卓を入れましたが、ここはずっと純粋に。

今　ゲーム会社の売り込みもあったんですか。

加藤　ええ。

成田　でも中途半端な喫茶店は嫌でしたか

ら。卓上のおみくじみたいな物も一切置かなかった。

泉　新丸子の店は今後も続くんですか。

成田　ええ。一時は人に貸そうかと思ったこともあるけど、妻が「朝からちょこまか動いていた人が、急に暇な生活できないでしょ」って。加藤さんも、よくここまできたね。

加藤　いい時もあれば悪い時もある。バブルの時はどこの喫茶店も満員でね。でも消費税ができて、バブルがはじけて、ごみが有料になり、人件費が上がり…。

成田　63年の開店当時はコーヒーが60円、時給も60円。今は時給千円ですから。

今　本当はコーヒーを千円にしないと合わないんですね。

ピラフがしゃれてた

〈コーヒーゼリー到着!〉

泉　懐かしいな。中高生ぐらいのときに入った喫茶店でこの存在を知ったんです。プリンだと不二家だとかレストランですが、コーヒーゼリーはやっぱり喫茶店のイメージで。

今　それは三田(東京都港区、出身校の慶應中等部のある街)の頃ですか?

泉　ええ、三田のファーストっていう。サッカー部の練習の帰りに初めて。

今　どうぞ食べてください。

泉　70年代後半の喫茶店でよく頼んだのがピラフなんだよね。

今　ああ。

泉　「喫茶めし」で、ちょっとしゃれた焼き飯っていうのかな。

今　ここ、ピラフありましたっけ。

加藤　ええ。冷凍じゃなく、ちゃんと作ってますよ。

泉　実際は焼き飯なんだよね。本来のピラ

泉 麻人さん

フって、炊き込むんでしょ。だけど、ただピラフっていう呼び名がはやったっていう。

成田 言ってみりゃ、チャーハンですよね。

加藤 早く出せるからね。一回一回炊いていたんじゃ間に合わない。

泉 スパゲティはナポリタン、ミートソースがあったけども、カルボナーラなんてなかった。ケチャップをつけないで炒めたやつを「イタリアン」、カレー粉を入れたのを「インディアン」とかいって喫茶店でわりと出してましたね。

今 「シロ」というのもありますね。

泉 「シロ」に当たるやつは「イタリアン」って付けるのが流行だったたな。ケチャップ入りのを「ナポリタン」と言っていた。

今 なるほどー。

泉 渋谷に本店があったタンポポって喫茶店では、いわゆる日本風のピザみたいなのを出してましたよね。ペタンとしててタバスコかけて食べるような、今の冷凍ピザパイみたいな。それが売り物でした。

ジャン荘に出前した

泉 タンポポは70年代半ばごろ、東横線の沿線にたくさん支店を出していて、日吉にもありました。

加藤 うん、タンポポありましたね。

泉 当時の喫茶店には、渋谷から東急東横線沿線に拡散する流れがありましたね。

今　その流れ、元住吉駅前の喫茶店いーはとーぶのご主人から聞いたことがあります。当時の日吉は…。

泉　僕らの学生時代に有名だったのは、日吉駅前のロータリーの角にあったカルチェラタン。

加藤　ええ、カルチェラタンありました。

泉　ね。あと、僕らがよく行ったのは、中央通りにあったらラバンっていう店。2階にあって、ビートルズマニアのマスターがやってて、LPがいっぱい置いてあって。あと白鳥。

今　白鳥（オムライスの名店）は今もありますね。

泉　純粋な喫茶店ではないけれども、かなり古いですよね。

今　あの、喫茶店から離れますが、泉さんが書かれていた、珉珉《みんみん》っていうギョーザ屋さん。

泉　はいはい、学生は入ってましたね。焼きそばが独特の太麺でね。

加藤　料理屋でいうと、梅寿司もありましたよね。

泉　梅寿司はキャンパスにもあったよね。

今　へえー。大学の中にすし屋が？

泉　中に支店を出してました。日吉の街では、僕の学生時代と比べると、マージャン荘が全然なくなりましたよね。喫茶店とジャン荘が目立つ街だった。

加藤　そうですね。

今 柊二さん

成田 勝治さん

今 いっぱいあったんですか。
泉 あったあった。たいてい雑居ビルの2階にジャン荘があったんだよね。
今 じゃあジャン荘に行って喫茶店に行ってという。
泉 ここから、もう一本向こう側の角かな、ビルの1階にハエラルかハイラルという名の喫茶店も…。
加藤 隣には淀って喫茶店もあって。
泉 ああ淀ね、うんうん。あ、ハイラルは淀の上かな。1階が喫茶店、2階がジャン荘で、そこは僕より4、5年上だけど、中村雅俊が学生時代に入り浸ってた、ってので伝説の店だったんですよね。
今 そうなんですか。
泉 かつてあったポンタというジャン荘でマージャンをやるとき、同じビルのとんかつ店の虎ひげからカツ重を取るんですよ。重物はやりながら食べやすいんで。カツ重と、牛のしょうが焼きが載った牛ショウ重ってのがあって。それが珍しくてさ。
加藤 ポンタありましたねえ。

1杯で長居する人々

今 泉さんにとって、いい喫茶店の条件ってありますか。
泉 コーヒーがうまいので行く所もあれば、環境が気に入っている所もある。お客の感じが、会話を盗み聞きしているのが面白いとか

（笑）。古くさくて天然記念物的に「そのままいてほしい」という店も…。

今　ははあ。

泉　いろいろあるんだよね。家の近場では何軒か決まっていますね。今さんは喫茶店でもの書いたりする？

今　僕、書きます。

泉　僕、だめなんです。せいぜい文庫本を読むくらいで、1時間はまずいない。

今　あ、すごく聞きたいんですけど、喫茶店ってどれくらいの時間いていいもんなんですか？

成田　1、2時間はいいけれど、3時間になると…また何か頼んでもらいたいなあ。

今　営業所みたいに使っている人、いましたよね。昔は喫茶店に電話をかけることがよくあって「今、ここにいるから」と。

泉　昔、喫茶店にはピンク電話があったでしょ。

加藤　ありました。

泉　あれ、定番だよね。

一同　うん。

加藤　今は携帯があるからいらないもんね。

泉　小説でも、喫茶店に電話がかかってきて、ウエートレスがメモ書きで伝言するとか、必ずあったもん。

成田　店内放送もマイクで呼び出しかけてさ。今は携帯がありますから。

今　じゃあ2時間ぐらいは大丈夫なんですね。

加藤　政義さん

成田　ええ。うちの妻は、３時間を超えたお客さんには「すいません、もう１杯注文してください」って言っちゃうの（笑）。

今　そう言ってもらった方が僕はありがたいな。

泉　井上ひさしのエッセイでね、ＮＨＫが新橋にあった時代に、作家がたまり場にして喫茶店をつぶしちゃった、っていう話があるんですよ。エッセイに出てくるんです。井上さんはずっと喫茶店で書いてましたし、仲間が集まってきて、ほかの客が寄り付かなくなったっていう話。

成田　以前、開店から閉店までいるお客さんがいましたよ。勉強してるんです。法学部を卒業して、弁護士になった人で。

今　その人は何を注文していたんですか？

成田　コーヒーだけ。

泉　サークルや部活のたまり場として使うこともありましたよね。今日この店で久しぶりに見たな、サークルっぽい学生さんのグループ。

今　そういう使い方、日吉は結構ありますよね。

加藤　学生の街だからね。

◆**喫茶店「まりも」**　１９６３年開店の新丸子店がルーツ。日吉店は79年の開業で、親戚関係にあった新丸子店の店主が開業を指導した。両店とも茶色を基調にデザインしており、落ち着いた雰囲気。店の外周には水槽があり〝看板〟のコイが泳いでいる。一時、新丸子店の経営者が川崎市中原区の井田病院内にも支店を出していた。

泉　麻人（いずみ・あさと）さん■コラムニスト。1956年東京生まれ、現在も都内在住。慶應義塾大学商学部卒業後、編集者を経てコラムニストとして活動。著書に「僕とニュー・ミュージックの時代」「大東京23区散歩」「東京　いつもの喫茶店」。近著は『1964　前の東京オリンピックのころを回想してみた。』。

成田勝治（なりた・かつじ）さん■喫茶&レストラン「まりも」新丸子店店主。1943年川崎市中原区生まれ、現在も同区に住む。

加藤政義（かとう・まさよし）さん■喫茶&レストラン「まりも」日吉店店主。1946年横浜市港北区生まれ。

居心地の良い菊名で、居心地の良い方々と、居心地の良い「おがさや」で、最高に居心地の良い時間を満喫！

特別座談会③　中華食堂〈おがさや〉にて

テーマ「菊名で中華」

■2018年12月23日付神奈川新聞掲載

ＪＲ横浜線と東急東横線がクロスする街、横浜市港北区の菊名。似たような路線条件の武蔵小杉や溝の口には再開発ビルがドドーンとそびえるのに、ここは結構こぢんまりしています。でも、それがいい。自由が丘や渋谷のような〝メジャー〟にない魅力を、駅前の中華食堂〈おがさや〉で語りました。参加者は同店ご主人の**関谷聡**さん、駅に近い高木学園理事長の**高木暁子**さん、この街に生まれ育った本社横須賀支社長の**有吉敏**、そして席亭の**今柊二**さん。遠くから電車がキイキイと車輪をきしませ、駅に進入する音が聞こえてきます…。

お母さんのライバル

今　菊名駅、私は30年ぐらい使ってるんです。不思議な駅で、乗り換える人は多いのにあまりリスペクトされない（笑）。でも微妙にいい店が多い。そこで菊名の老舗おがさやで、菊名が生んだ有吉さん、高木学園の高木先生と菊名の歴史と食を語ろうと。おがさやは1954年…。

関谷　当初は食堂というよりお茶や乾物を売るのがメインでした。祖父が静岡県の小笠郡（現・県西部）から出てきたのが始まりで。

一同　ああ、それで「おがさや」！

高木　お茶屋さんは小さいころ見た気がする。

関谷　改装したのは32~33年前です。

有吉　早速、いろんな謎が解けましたよ。

関谷　祖父はお茶を配達先の倉庫に納入するサービスをして喜ばれたそうです。同時に大判焼きみたいな物やアイスクリームを食べられる食堂もあって。

今　中華の色が濃くなったのはコックさんが来て？

関谷　父が3人兄弟の長男で、下の弟2人が中華の先生に勉強に行ったんです。それで一気に。

今　お客さんは地元の人と乗り換え客の両方ですか。

関谷　地元の方が多いですが、（横浜線の）橋本から（東横線の）武蔵小杉に通う途中、わざわざ降りて寄ってくれる人や、25年も通っている人もいます。ファミリーレストランがなかったころは、大きなテーブルで家族で食べられる店は少なかったですから。

今　ギョーザはいつから「売り」でした？

関谷　40年以上前でしょうね、新しく来たコックさんが今のものに近いレシピを教えてくれたみたいです。

今 お土産は?

関谷 今もやってますよ。ラーメン以外で(笑)。

有吉 40年ぐらい前ですけど、三菱の横浜造船所に勤めていた父が中華街のお土産だと言ってここのギョーザを買って帰った。それがばれて、母にすごく怒られてました(笑)。遠くの店ならいいけど、家の近くで外食するとはけしからんと。

一同 ははは。

有吉 私、落語家の柳家喬太郎さんと篠原小学校の同期で、座談会の前に電話して菊名でアピールしたい店を聞いたら、おがさやって言ってましたよ。おがさやの看板見て、ああ菊名に帰ってきたなと思う。でも一度も入ったことがない(笑)。それは家にご飯があるからで、彼いわく街の定食屋さんは奥さんやお母さんの宿命のライバルなんだって。

関谷 ははあ、なるほど!

今 うん、俺だって町田に帰って定食屋に入らないもんね。いい洋食屋も二つ見つけたけど、なかなか行けない。

有吉 でも、出前をやってる店は地元の奥さんを敵に回さないですよね。

シンプルなのがいい

今 高木学園は最初は菊名じゃないですよね。

高木 ええ、曽祖母が始めた寺子屋が始まりで、今の横浜駅近く、台町辺りにありました。大きくなったところで戦争で校舎が焼け、一時は平沼高校を間借りしてたんです。

一同 へー!

高木 戦後になってアマノさん(時間管理用機器メーカー)の土地と建物を譲っていただいて移りました。

有吉 昔は田んぼばっかりでしたね。水が出ると電車が止まるんです。

高木　私たちの幼稚園を建て直した時も、排水には気を遣いました。

今　横浜って治水の歴史なんですよ。よく、昔は良かったたって言うけど、ひどいこともたくさんあって。僕も天王町に住んでいたとき、帷子川《かたびら》があふれて。

一同　うんうん。

今　それはそうと、校名が変わるんですってね。

高木　はい。高木学園女子高校は来年4月に英理女子学院高校になります。110周年という記念のタイミングに合わせました。

関谷 聡さん

今　名前の由来は？

高木　創立者の曽祖母は筋道を立てる人で、理念の「理」。そして女性らしさとして「はな」とも読む「英」。

今　幼稚園は建築家の隈研吾さん設計ですよね。

高木　隈さん、ご実家が大倉山なんです。「世界の隈さん」なので無理かなと思ったんですが「実家のすぐそばだよ」と快諾してくださって。内装はアートディレクターの森本千絵さんで、二人のコラボです。

――皆さん、冷めないうちに…。

関谷　ギョーザはアツアツよりもちょっと温度が下がった方がおいしいですよ。甘みが感じられて。

今　さっき関谷さんが言った、流れてくる料理人は重要で、定食屋を活性化させるんですよ。和洋中を問わずその話は聞きます。ギョーザで名高い野毛の萬里も、いろんな人が来て働いては去って行くと。そうやって東京の味を広めたり、大阪の味を持ってきたり。

関谷　確かに、ここで仕事しているだけでは、他のことが分からない。おっしゃる通りだと思います。

今　何かの料理の基礎がある人が別のものを作ることもある。洋食、とんかつ、中華は親和性が高いので特に。例えば洋食出身の人がとんかつ屋に移って付け合わせにナポリタンを出したり…。おがさやも洋食メニューが多いですよね。

関谷　先代のマスターが開発したんです。うちは普段食べる衣食住の食、毎日食べたい物を出すという考えでした。だから豚汁もある。中華色は強かったけどいろいろありましたね。

今　そうそう。定食で大事なのは「ああ、おいしい」じゃなくて「おいしいじゃん」。普通でシンプルがいい。

ダブルチキンカツ！

今　このムアルツォタンというのは？

関谷　由来は定かでないんですが、ムアルはキクラゲでタンは玉子、ツォンはタマネギ。キクラゲと玉子と野菜の炒め物で、醤油ベースでピリ辛に仕上げてある。料理をやっていた親戚が持ち込んだものです。

今　ここ、セットメニューが豊富で素晴らしいの。オフィスの先輩に教えられたのは、菊名はサンロードのナポリタンか、おがさや。サラリーマン定食ですよ。何にするか迷いますよね。

関谷　それがそうでもなくて、お客さんには座りたい席があって、食べたいものもだいたい決まっている。入ってきた方の顔を見ると何となく注文が分かりますね。皆さん、あまり〝挑戦〟しないんです。

高木 暁子さん

今　おっ、いい話。定食座談会っぽいですね。

高木　じゃあ、一から十まで順番に、って人はいないんですか？　女子はいろいろ選ぶかも。私は「8番プラスD」（豚肉野菜に春巻き）を食べてみたい。

今　春巻きって男性にはあまり人気ないですかね。

関谷　男性は断トツ唐揚げです。

有吉　僕はホイコーローと唐揚げ、もしくはエビチリと唐揚げですね。

今　俺はナスだな。ナスとごはんのとろけ方がそうとう〝いい湯加減〟だと思う。あとはイカフライ。男はイカ好きですね。

高木　唐揚げよりもイカですか？

今　体が弱ってるときは玉子ですね。玉子料

今 柊二さん

理がおいしい店は信頼できます。ここもオムレツがある。結局、素材の値段じゃないよね。技術力ですよ。

関谷 以前、玉子焼きがあったころ、オムレツと玉子焼きとか、チキンカツと唐揚げを頼む人がいて…。

有吉 玉子と玉子、鶏と鶏!

今 北海道大のそばにあるクラーク亭という洋食屋さんは、チキンカツが二重になってるチキンカツの定食が名物で激しくカロリーが高い。同じ構造が、京大の近くのハイライトのジャンボチキンカツ定食。食っても食ってもチキンカツ。

関谷 ここもチキンカツ定食は2枚なんです。

今 ええ! それはすごいわー。ごめんなさい。

関谷 実は昨日、最後のお客さんがチキンカツ定食を食べて、帰り際に「1枚にしな、もったいないから…」って(笑)。

でこぼこが文化の源

今 昔の菊名は寒くて、氷屋さんが繁盛したそうですよ。

高木 今は全然そんなイメージないですけど。

有吉 そういえば昔、お味噌屋さんとか醤油屋さんがあった気がする。

今 掘れば掘るほど面白い街ですねえ。チェーン店ができにくい街です。

高木 うれしいですね。

有吉 昔、洋菓子のマロニエという店がありましたね。ありあけもあった。
関谷　ありました！
有吉　今ドトールのところ。2階がマックの。
今　菊名の立ち食いそばは変化が激しいですね。東横線の中にあったしぶそばは女性客が多かった。富士そばの社長の説では、椅子がある店は女性客をつかめるそうです。立ちそばは横浜線のホームとか、ガードをくぐった所にもありましたよね。東横線には（喫茶店の）キュートも…。
高木　キュート懐かしい！
今　あと（カレー店の）リオ。東横沿線に結構あったのにだいぶ減っちゃった。外せないのは（おがさや前の）焼き肉の横濱慶州苑！
有吉　遅くまで開いてるんです。夜回りから帰るとまだやってる。
今　夜中、横浜線のホームにいると、下から焼き肉のすごくいいにおいが漂ってくるの。でもこの〝攻撃〟に負けて降りると大変なことになるんだよ。午後11時57分の次が午前0時23分まで電車がなくて。
関谷　店の中にも漂ってきて、焼き肉食べたいなーって思います（笑）。
今　あとは東横線ユーザーとしては、菊名始発の日比谷線直通電車があったころは幸せだったなー。
高木　あー、わかる。
有吉　国会担当のときは助かったんですよー。
今　菊名住民はやっぱり、横浜線よりも東横

有吉 敏

線？

一同　やっぱ東横線！

今　ＪＲと東急が交わる駅でも、武蔵小杉や長津田とは違う。武蔵小杉は少し前まではやさぐれてたし。市内の×××（編注・あえて伏せ字にしました）から白楽に引っ越したときなんて、ずいぶん都会で文化的な街に来たなと思いましたよ。妙蓮寺は菊名と仲間な感じがするんだけど、大倉山はなんか違うような…。

高木　全然違う！

今　そうでしょ！

関谷　菊名は山が遮るようになってますからね。

今　でも文化って、でこぼこしてる場所の方が発達するんですよ、変化が激しいから。渋谷もでこぼこしてますよね。僕がなんで菊名に引かれるかっていうと、でこぼこしてて、いろんなことがあるからだと思うんです。

関谷　聡（せきや・さとし）さん■中華ダイニングキッチン「餃子のおがさや」店主。1973年、横浜市港北区生まれ。大手製薬メーカーに12年勤務後、家業を継ぎ現在に至る。おがさやは54年に開店。

高木暁子（たかぎ・あきこ）さん■学校法人高木学園理事長。1975年、神奈川県生まれ、慶應義塾大卒。大学卒業まで菊名で暮らし、現在は東京都在住。民間企業での勤務や海外留学を経て高木学園に入職。

有吉　敏（ありよし・さとし）■神奈川新聞社横須賀支社長。1963年、横浜市港北区生まれ。菊名で生まれ育つ。桐蔭学園通学で単線の横浜線を経験。国会担当キャップ、経済部長、論説委員、経営企画局長などを経て現職。

あとがきにかえて

巻末特別対談

●神奈川新聞社社長

並木裕之×今柊二

（左から）順海閣社長呉羽朋成さん、今柊二さん、神奈川新聞社社長並木裕之＝横浜中華街〈順海閣本館〉

第6巻刊行を記念して、
神奈川新聞社の並木社長と対談することに。
場所は横浜中華街の〈順海閣〉。
かなり深い話となりました。

川崎市役所食堂のゴロゴロカレー！

今「ずいぶん前に、神奈川新聞社で声をかけていただいたのを覚えています」

並木「今さんの記事はいつも楽しみにしていますよ。以前の東京新聞の立ちそばの連載もスクラップして取っています（『立ちそば大全』として竹書房文庫より刊行）。ただ、僕が訪れた店はものすごく多いので、今さんが訪れた店は少ないけれど。この店（順海閣）はあるけどね」

今「支局はかなり回られたのですか？」

並木「横須賀、藤沢、茅ケ崎、小田原、川崎…。だいたい海側は制覇しました」

今「川崎と言えば、やはり『コシバ』ですか」

並木「味のデパート！　あの裏側が川崎総局のあるビルで、『コシバ』は大体週に2回は行っていた」

今「へえ」

並木「あと、川崎市役所に地下食堂があって、確か水曜日にはゴロゴロカレーがありました。ジャガイモを大きくカットしたのがゴロゴロ入っていて、それがおいしくてよく食べてた。市役所建て替えで食堂がなくなってしまい、食べられなくなってしまいましたが。あとは『さくら水産』とかですか（笑）」

今「『コシバ』のそばの『天龍』とか『丸大ホール』はどうですか」

並木「『天龍』は餃子ね！　行きましたよ。『丸大ホール』は朝から飲めるという店ですね。まだなので行ってみたいですね」

今「私もまだなので訪れたいです。酒が飲めるお店は、記事となった後も反応が強いことが多い。同じ川崎でも新丸子の『三ちゃん食堂』なんかは『孤独のグルメ』など別のところでもずいぶん紹介されたこともあって、最近人気ぶりがすごいですね。酒が飲めると言えば、神奈川新聞本社そばだと野毛ですね。私、若いときにオフィスの先輩に居酒屋の手ほどきを受けたことがかなり人生において重要な出来事だったのですが、野毛でもずいぶん店を教わりました。『庄兵衛』はご存じですか?」

並木「満州焼ですね」

今「そうです！ 独身の末期の頃はよく行ってました。ただし、『庄兵衛』は「ご飯」がないので、その後は『センターグリル』に行ってチキンライス食べてましたね」

並木「『センターグリル』は大昔に整理部にいた時に、日曜は食べるところがなかったので出前を取っていました。缶に入ったカレーね(※)」

今「旧社屋の頃ですね。『センターグリル』が社食的存在だったと聞いています」

並木「そうそう、僕はカレーとミックスフライ定食でした。ある時、後輩が出前でステーキ取っていて、『バカじゃないか』と(笑)。結構高いんですよ。それを仕事の合間に食べるなんてね」

今「普通の身分なら、カレーですよね」

並木「そうそう。カレーは良かった。食器を下げなくて良かったから」

今「あ、缶は使い捨てだったんですか?」

並木「そうです」

※当時のセンターグリルでは、出前用のカレーは、使用したグリンピースの缶詰の缶を洗ったものにルーを詰めたものと、紙皿に盛ったライスにラップをかけたものだった（『かながわ定食紀行2巻　おかわり!』）。

茅ケ崎の大黒屋について

今　「茅ケ崎も長かったんですか?」

並木　「2年かな。ただ住まいがあの辺りなんで。だから結構店には行っています。ただ最近はチェーン店が多くてね」

今　「『ブータン』とかはどうですか。あそこは鰹節などで有名な茅ケ崎の湘南山鉄が経営していますね」

並木　「昔はおせちも作って売っていましたね」

今　「茅ケ崎は、『風見鶏』はいかがですか?」

並木　「あそこは最近閉めちゃいました。お豆腐の入った熱々のラーメンが有名でね（豆腐らうめん）。僕はあまり食べなかったけど、店自体はよく行きました」

今　「茅ケ崎の『へそ』みたいな店だったので残念です」

並木　「茅ケ崎の南口には一杯300円の安いラーメン店がまだがんばってますよ（『大龍』）」

今　「それはスゴい」

並木　「高校の時に茅ケ崎をうろついていたときに、面白い店がありましたね。おばあさんが一人でやっていた『大黒屋』という店。焼きそばしかない。店に入るとキャベツが山のように積んであって、メニューは普通盛りと大盛りだけ。友達は大盛り食べてましたね」

今　「高校生が帰りに食べる店ですね。北千住にも『りんりん』という店があって、そこはカレーとラーメン、焼きそば、ライス、チャーシューメンくらいしかなくて、飲み物もコーラとファンタだけ」

並木　「そういうのって、結構ありますよね。今はどうかはわからないけど、昔、県立茅ケ崎高校の裏にラーメン屋があって、そこはなんとインスタントラーメンだったと記憶しています。こんな店があるんだと思った。生麺じゃないのでとても安い。でも高校生だからそれで十分なんですよ」

今 「不思議なのは、韓国とか香港とかに行くと、店でインスタントラーメンが出てくる。特に香港なんかは、ちゃんとメニューに『出前一丁』とある。もうブランドなんですね。ですから店で出てきても本当はおかしくはないんですけどね」

順海閣のシウマイは熱いうちに！

並木 「今回、『順海閣』を対談場所として選んだ理由は何ですか？」

今 「大学時代にここの夜の800円の定食を食べていて思い出の店だったからですよ（280回・107ページ参照）」

〈ここで呉羽朋成社長登場〉

今 「今日はありがとうございます」

呉羽 「崎陽軒のシウマイとの関係もあって、『順海閣』はよく雑誌にも紹介されます（順海閣の創業者・呉遇孫が崎陽軒の要望に応えて、貝柱を入れたシウマイを考案）。私も毎日シウマイは2つくらい食べてますね」

並木 「2年くらい前に、華僑協会の方などがこの店好きで、シウマイとかを食べていました。そのとき、崎陽軒との関係も知りました」

呉羽 「崎陽軒のシウマイは冷めてもおいしいけど、うちのは熱々で食べてほしいですね」

今 「あと、ここも巻き揚げがありますよね」

呉羽 「昔は店が少なくて、うちもパイオニアですね。昔『明揚』という店があって、そこの社長が好きで巻き揚げをよく食べに来ていました。今さんの食べた限定ランチの一つにも蝦巻きとして入っていますね」

今「中華街の外では見たことがないし、中華街の中でもやっている店は少ないですね」

呉羽「そうですね。ただ、最近は中華街の中でも出す店が増えましたね」

今「巻き揚げの発祥はどこなんでしょう?」

呉羽「～うーん、昔からやっていましたからね。網脂で巻いて作るんですね」

今「ビーフンの皮じゃないんですね?」

呉羽「網脂ですよ。あと、五香粉も入る。これがいいんだけど、慣れていない方は香りが強いかもね。…あとは豚バラがよく出ました。馬車道にあった『相生』(2015年閉店)の会長も、運転手さん連れてよく食べにきていましたね。その後、中華街のみんなが年を取って。そして景気もよくなった時に、香港や台湾からコックを招聘するようになって、そこから味も少しずつ変わっていきました。今はさらに様変わりしましたね」

今「新しい店が増えましたね」

呉羽「75%ほどが新しい華僑ね。ほとんどは福建のファミリーでやっていて、うちみたいな店は減ってきました。均昌閣、均元樓、華勝楼、安楽園などなくなった。今は食べ放題ばかり」

並木「昔は食べ放題もなかったんですか?」

呉羽「昔は食べ放題も、ランチもあんまりなかった。焼きそば、チャーハン、つゆそばなどを昼は食べてましたね。今は中華街は観光地化して、若い人もいっぱい来るけれど。焼小籠包やタピオカとかばかり。だいたいあいうのは2年くらいで終わってしまう。そして新しい店は道の半分くらいに看板出したりする。特にこの香港ロードは行儀が悪い。それを話し合おうと会合やっても、その新しい店の人が来なかったりするんですよ」

今　「それでもみんなで協力しないといけないんですよね」

呉羽　「そう、辛抱強く話し合わないとね。…ところで今さんの本を読んだら、ずいぶんといろいろと行かれているんですね。私もこれを持っていろいろ回りますよ（笑）。…そろそろシウマイと巻揚げをお出ししましょうか？」

並木・今　「お願いします！」

自宅の「酒庫」と「菓子庫」

並木　「家で、台所の冷蔵庫にビールとか入れていて、スペースがないと怒られてね。それで、風呂場の隣の脱衣所に小さな冷蔵庫を買って、そこを酒庫にしているんですよ。そこにハイボールの缶、ビール、冷酒などありとあらゆる酒をね。何か足りないものがあれば、週末に補充するのが私の趣味なんだけどね。それが買ったのにもうないなと思ったら、娘が家で飲んでいることもありますね（笑）」

今　「わはは。実は私も台所の片隅にお菓子の倉庫を装備していまして、並木さん同様、それを補充するのが趣味なんですが、やはり娘が時々食べている（笑）。ポテトチップスはすぐなくなりますね。でも、娘と飲むというのもいいですね。うちも上の娘が大学生で20を超えているから今度やってみようと思います。…あっ、話が面白くてすっかり長引いてしまいました。今日はありがとうございました」

並木　「最後に今さんにエールを送ったと締めておいてください」

今　「はいそうします（笑）」

そ　263 そば処　寿庵（小田原市栄町）…P50
た　274 第一洋食店（北海道苫小牧市錦）…P89
ち　288 地域食堂　みんなの郷（さと）（横浜市戸塚区）…P131
272 中華料理　三十一番（横浜市瀬谷区）…P83
258 中華料理　天龍本館（川崎市川崎区）…P35
299 中国料理　壱龍釜（いちりゅうがま）（横浜市南区）…P166
260 中国料理　煌蘭　藤沢店（藤沢市藤沢）…P41
つ　291 つく志（逗子市逗子）…P142
て　254 天たま家（横浜市保土ケ谷区）…P19
290 天ぷら　豊野（※伊勢佐木町の店は閉店）…P137
と　261 とんかつ　方丈（横須賀市若松町）…P44
に　281 日本そば　太蔵（横浜市港南区）…P110
ひ　276 氷花餃子　本店（小田原市栄町）…P95
へ　296 ベンガル（横須賀市若松町）…P157
み　268 みんぐるまんぐる（横浜市中区）…P65
め　269 明健酒家（横浜市緑区）…P68
も　277 守茂（横浜市中区）…P98
よ　262 洋食居酒屋　REVEL（横浜市港北区）…P47
273 横浜食堂（座間市相模が丘）…P86
ら　294 ラーメンミート（川崎市川崎区）…P151
255 らーめん　山猫亭（相模原市中央区）…P22
り　297 龍苑（横須賀市大滝町）…P160
れ　282 レストラン松山（横浜市中区）…P113
ろ　286 六角箸（横浜市神奈川区）…P125

店舗索引

あ ㉙ あぶり屋　きんとき（大和市中央林間）…P38

い ㉖ いまがわ食堂（町田市森野）…P29

え ㉘ Ｆかまくらカフェ（鎌倉市大船）…P122

お ㉖ 太田楼（横浜市南区）…P62

㉘ おがさや（横浜市港北区）…P119

か ㉙ 華錦飯店　本館（横浜市中区）…P145

㉕ かどや食堂（相模原市緑区）…P16

㉘ カフェ秋桜（コスモス）（横浜市緑区）…P128

㉙ カフェ　てんだぁ（横浜市神奈川区）…P148

㉖ 瓦奉店（がぼうてん）（川崎市中原区）…P59

㉚ 韓国料理　焼肉冷麺　関内苑（横浜市中区）…P169

さ ㉗ さいがく（横浜市神奈川区）…P101

㉙ 魚レストラン　マルシェ（横浜市神奈川区）…P163

㉕ サリサリカリー（横浜市神奈川区）…P13

㉘ サンタモニカ サードストリート ミートテラス（横浜市西区）…P134

し ㉗ 老舗居酒屋ガクさん（相模原市南区）…P74

㉘ 順海閣本館（横浜市中区）…P107

㉘ SHOP BAR ISEYA（※ランチの営業は終了）…P116

㉙ 新月（藤沢市藤沢）…P154

す ㉖ 末廣園（横浜市神奈川区）…P56

㉖ SCANDIA（スカンディヤ）（横浜市中区）…P53

㉕ 寿司　川徳（横浜市南区）…P32

㉗ 寿司秀（横浜市南区）…P104

㉗ スターバード（閉店）…P92

そ ㉗ ソースカツ丼　たざわ（閉店）…P71

㉕ そば処　おんがえし（横浜市緑区）…P10

著者略歴

今 柊二（こん・とうじ）
1967年生まれ。横浜国大卒。大学時代から17年間横浜暮らし。現在町田市在住。定食評論家。著作に「定食バンザイ！」（ちくま文庫)、「定食学入門」（ちくま新書)、「定食ニッポン」「お魚バンザイ！」（竹書房文庫)、「定食と古本ゴールド」「餃子バンザイ！」（本の雑誌社)、「とことん！とんかつ道」（中公新書)、「かながわ定食紀行」シリーズ（神奈川新聞社）など。

かもめ文庫――――――――㉜

かながわ定食紀行　第６巻

2020年2月10日　初版発行

著　者　今 柊二
発　行　神奈川新聞社
〒231-8445　横浜市中区太田町2-23
電　話　045(227)0850（出版メディア部）
ＦＡＸ　045(227)0785

ISBN978-4-87645-604-8　C0195

「かもめ文庫」発刊について

明治の近代化から一世紀余り、戦後の米軍進駐からすでに三十年余、神奈川といえば日本のどこよりも移動の激しい土地柄、変化の目まぐるしい地域社会として知られています。特に戦後は、都市化・工業化と呼ばれる時代の波を頭からかぶり、郷土かながわの山河・人心は一変しました。

しかし、自らの足もとを見直そう、自分の生活周辺をもう一度見つめ直したいという欲求は、年とともに高まるばかりです。神奈川生まれでない神奈川県民、ふるさとを別に持つお父さんお母さんのあとに、いまではたくさんの神奈川生まれが続いています。

イギリスに「われわれは、別れるためにのみ会っている」という古いことわざがあります。日本語の「会者定離」や「会うは別れの始め」をほうふつさせます。茶道から出た「一期一会」も同じ根っこからの発想と申せましょう。私たちは離合集散の激しい社会、うつろいやすい時代に生きているからこそ、ただひとたびの出会いを大切にしたいものです。

「かもめ文庫」は、七百万県民の新しい出会いの場、触れ合いの文庫として創刊されました。照る日・曇る日、いつも私たちの頭上で無心に舞っている県の鳥カモメ。私たちはこの文庫を通し、神奈川の昨日・今日・明日に出会うことを願って、一冊一冊を編んでいきたいと思います。

1977年11月

かながわ定食紀行　かもめ文庫63

今　柊二　著

サバ味噌、トンカツ、オムライス…。神奈川県内50の町で出合ったうまい店、地元の人々が足繁く通う街角の食堂を紹介する。漫画家・しりあがり寿さん登場の〝定食座談会〟も収録。

■文庫判　200頁（本体760円＋税）

新装版かながわのハイキングコースベスト50ぷらす3　かもめ文庫64

山本正基　著

神奈川県内で楽しく散策できる53コースを紹介するハイキングガイド。初級～中級者向けに3時間ほどのコースを安全に歩くコツを分かりやすく解説する。コース毎に各地の見どころや付帯施設を掲載。

■文庫判　256頁（本体760円＋税）

かながわ定食紀行　おかわり！　かもめ文庫65

今　柊二　著

「かながわ定食紀行」の続編。再び県下50軒の食堂を探訪しつつ定食のある街、駅や鉄道のことなどを綴った心温まるガイドエッセイ。県外の珍しいメニューや全国のおでんダネ談議など番外編も充実。

■文庫判　224頁（本体760円＋税）

かながわ定食紀行　もう一杯！　かもめ文庫㊼

今 柊二 著

下町の味、老舗の味、はたまたステキなオヤジさん、おかみさんのいる食堂50軒を探訪するシリーズ第3弾。精進を重ねた著者が、スマホに頼らない旬の情報をお届けする。名物食堂のよもやま話、「大人のオヤツ」談義などユーモアあふれる話題満載。

■文庫判　212頁（本体760円＋税）

かながわ定食紀行　4杯目！　かもめ文庫㊽

今 柊二 著

単なる「食べ物屋さん情報」ではない町の記憶を巡る〝定食風土記〟第4弾。とっておきの50店と桜木町の名物駅そば、横浜生まれの大人気ハンバーグレストランの魅力を探る。

■文庫判　216頁（本体764円＋税）

かながわ定食紀行　まだ食うの？　かもめ文庫㊾

今 柊二 著

人気の新聞連載から50軒の店を紹介。横浜の老舗「勝烈庵」（馬車道）、「萬里」（野毛）に識者と集い、店主を囲んでトンカツ、ギョーザを大いに食べ、語る。シリーズ5巻。

■文庫判　202頁（本体764円＋税）